八十不老傳奇

高雲・著

在美國「國際自然能博覽會」被拍攝到「生命超能量光環」。

女兒白雁帶領助教團尊師重道，
立志傳承五十年不懈的心願：「讓愛生生不息。」

在台灣乘專機抵達空軍官校演講，

旁為時任空軍官校校長陳肇敏將軍及唐飛參謀總長。

「高山仰止，雲淡風輕，大氣磅礴，師勝豪傑。」（台北泰世昌詩）

在世界各地舉行的數千場演講會，場場爆滿。

台灣電視文化出版《回春秘功》封面，相差三十歲的母女。

七十七歲的高雲和四十七歲的白雁母女在香港的迎師晚會上。

「善生莫善寡慾，順應天地節律，我用拂塵的雙手，開啟眾人的心蓮。」
從佛法中悟出養生智慧，編創「蓮花掌四十八式」。七十四歲於吉貝島。

白雁創建國際名牌——優異聚靈，匯隊成形，日益興旺的健康隊伍。

任香港邵逸夫爵士健康顧問。

前行政長官孫運璿贈牌致謝。

任台灣蔣緯國將軍健康導師。

堅持二十五年修習的唐飛前行政長官（右三），以及兩位堅守三十餘年為眾人
服務的總教官（左一及右一黃衣），他們的生死見證見內文。

「高深造詣譽滿全球，雲雁仙蹤遍涉五洲。」（美國加州大學劉國承教授詩）

對美國加州首府心臟學會的醫生進行培訓。

在歐洲培訓的「中華能量療法」師資，宏揚中華文化持續至今。

「此雲只應天上有，東方奇女第一人。」（美國甘乃迪大學校長祖炳民題）

晚年用油畫揮灑心靈的色彩，作品《天地之道》。

水彩畫《湧動的能量》：凡眼閉，慧眼開，日月經天，江河行地。

早在四十年前，首於香港倡導延緩衰老新途徑，時年七十六的我回來了！

「高齡早已逾古稀，容顏光彩勝少女，更有英姿精氣神，不老典範第一人。」（北京王老師詩）

攝於二〇一六年傳法五十周年千人大會退場式。

「高山流水，飛瀑三千；弘揚國粹，唯奇女子。風韻八十，亭亭玉立；
叱吒環宇，數今朝者。唯我師祖，高雲者也。」（香港鄭偉詩）

攝於歡慶「高雲、白雁、彥寬傳法五十周年」大會入場式。

第一章　沒有傘的孩子

第二章　少女歷難結醫緣

第三章　命運發揮魔力

第四章　追尋千古秘訣

第十五章　台灣三十載　蔚成風尚

第十六章　白雁傳承　再造輝煌

第十七章　揭開身心健康的終極法門

第十八章　數萬奇蹟，重生之謎

第十九章　八旬才中年

前言

用生命宏揚中華養生五十年

「二十歲沒有青春，三十歲找回青春，五十歲逆生長，八十歲恰中年。我人生中唯一的追求，就是完善人類健康、青春並且長壽的終極目標。」

「一生致力於將醫治為手段轉變為整體自主健康為手段。早於五十年前，已將中華養生文化推向全球。」

活出不凡

我們要活得有高度，生命有廣度，青春和壽命有長度。

六十歲退休之後，奔走了一百三十多個國家及地區，尋求各國民族長壽秘訣。在陌生人面前，年齡帶來的錯覺常不斷地發生。我以展現了中華兒女的不老風情，而感到快樂。最常聽到的一句話是：「I cannot believe it!」尤其是外國人，經常是將我的年齡少說了三十幾歲。

人，是不是老了，就應該朽了？其實，青春美麗與年齡無關。只要身心靈健康，就可以在每個年齡段，都展現不老的風采。

活到八旬，看到太多的生命遺憾，有過早離世的，有蒼老不堪終日與藥為伍的。有些同齡人，似乎輝煌早已經過去，只等待生命的終場了！

活至八十，擁有中年的活力和體貌，不老的狀態，散發著令人羨慕的活力，成為身心靈健康的榜樣。深深感悟：人的一生，甚麼叫做財富？一個人最無聲的炫富，是擁有健康大財富。是多年之後，你依然亮麗動人，充滿精氣神。

活出價值

人活著，在於對別人有價值，對社會有貢獻。

初見面的人驚嘆之餘，總會不斷向我請教防衰秘訣。我難一言以蔽之，因為，我並不是天生麗質，我超乎常人的困苦遭遇和逆轉生命的經驗，是我多年來智慧養生的結果。一切答案，藉本書用文字，娓娓道明。用八十年波瀾壯闊的經歷，淚水換來的文字，將半世紀傳法的經驗和回春秘訣留給世界，公開這些以生命為代

價的生存智慧，揭示如何救助數十萬人重返健康的訣竅和心路歷程。

經歷半個世紀，帶領痛苦無助的眾人，向天奪命的旅程，走至八旬的今天，有太多的經驗想要留下。畢竟年事已高，時光不等人，將傳揚養生五十餘年的經驗和袪病防衰的秘訣，留給世人，是時候了！願此一系列整體健康秘籍的出版，帶給更多的人，生命更新的力量、方法和信心！

只為了不忘初衷，盼天下人活得更精彩，活得更有高度，活得更有長度！

多一場磨難，就多一場洗禮

每一次的困境，恰化為機緣，成為感悟，在求生求變中，化腐朽為神奇。艱苦歷程，豐富了我的生命。

因為有殘病的父母，才立下學醫的志向。

少年時，因為鬼門關走一回，而誘發了超能力，對於人體生命奧妙，產生探索渴望。自少年開始，得中醫學徒的良機。

青年時，遇第二次死劫，病衰無奈，學醫不能自醫，不甘坐以待斃，而上山拜師求救，悟出生命的根本，才走上了探索以千古養生秘訣自救救人的道路。

因為未擁有青春，而奮力找回了青春，才找到了防衰的途徑，並研究出一系列凍齡、回春、袪病延年法。

不惑之年，遇第三次死劫，徹悟生命的意義和價值，走向世界，完成發揚中華文化的天命。

因為先知己苦，而後知世人苦。醫，仁術也。仁人君子，必篤於情，則視人如己，問其所苦，自無不到之處。愛和我一樣病苦

的人，是我的初衷，靈魂深處的一聲吶喊：「幫助如你一樣需要被救的人」，成為我畢生不懈的力量。

因為擁有愛永不止息的本心，才得以長達五十餘年之久源源不斷的超能量。

用畢生的不懈，用生命演繹的傳奇，攜手傳人女兒白雁及女婿彥寬，打造五十年日益興旺的健康隊伍，已經在世界三十餘國及地區開花結果，如今樹已成林，千萬人重獲新生。

我的核心理念

「時間、信心、自癒力，是三個最偉大的醫生」，可以拯救衰老和疾病之苦。

用「整體五療健康法」的理念，我展現了祛病回春的傳奇。經歷五十幾個春秋，我所倡導的「健康管理、自主生命」理念，也實現了數十萬人祛病回春的傳奇。

奔波於三十餘國家及地區演講，我期望全世界都知道中華養生的博大精深。

數千場演講會，數百萬人聽到了我的呼籲：

人的生命只有一次，所以，要珍惜生命。

自主生命是人生最大的智慧！

失去健康是人生最大的損失！其實，人人都可以活得久長。

祛病回春延緩衰老有新途徑！其實，人人都可以青春不老。

你與健康的距離只差幾分鐘的習慣！

愛，是我們的出發點，我們的團隊，奔走五十餘年，讓我們一起在愛中受益。

讓我用生命的餘熱，溫暖每一個人的心！

自序

百年的驗證——涅槃重生的傳奇

經歷，是人生無價的財富。用「徹悟」兩字，可以造就一切神話。
從一九一六到二〇一六，生死線掙扎的三代人，用一百年的時光，
驗證了生命化腐朽為傳奇，如鳳凰涅槃，在浴火中重生的奇蹟。

衰老和死神，步步相隨

我的遭遇是獨特的。一九三七年七月七日，母親在日軍轟炸蘆溝橋的戰火中失去了一條腿，父親身患晚期肺結核，在死亡線上掙扎。

我出生於四十年代初的戰亂中，眼中看到的是殘廢母親和晚期肺結核的父親。先天的因素，使我降生後便遺傳了虛弱的體質和病痛的折磨。

青年時代又經歷饑荒，幹部下放，「文革」動亂，地震浩劫，曾有三次瀕死的經歷，五臟六腑俱損，多種病痛纏身，苟延殘喘，失去青春，病入膏肓，集患難於一身。身材虛腫體重一百四十六斤，髮枯面黃，看起來像四十多歲的人。懷孕期在艱苦的環境中，女兒因而患先天性心臟病。

本書記述了歷盡滄桑與無奈，用一百年的史實，換來的生存智慧，驗證了生命可以化腐朽為傳奇。用時光，造就了重生和逆生長的奇蹟。

「涅槃重生」的傳奇經歷，證明只要將磨難和痛苦化作砥礪前行，無論是醫學無奈的先天病，慢性病，衰老病，還是老弱病殘，都有不藥而癒、返老回春的可能，都可以走出超凡的有價值的生命。

願將半世紀養生和回春的秘訣留給世界。公開這些以生命為代價的生存智慧，揭示如何救助數十萬人重返健康的訣竅和心路歷程。

一百年的歷史驗證了甚麼？

只有完成自我救贖，發現自我，才是活著的王道。

殘弱父母，牽手七十六載，創造了續命長壽達百歲的傳奇！二老的故事在美國電視製成影片播放，鼓勵了海外無數在婚姻、疾病和心靈上軟弱的人。我擁有最值得驕傲的父母，是因為他們，讓我看到了：既使殘破的生命，可以越過死亡活到極致；也可以奉獻給社會光和熱，展現生命的價值。

本人在學醫不能自醫，而用自癒力得治的感悟下，走上了另類大面積傳揚中華養生學的道路，首創「跨世紀最快速的整體健康學」，將中醫學、陰陽學、氣化論、五行學、太極、《易經》以實用為原則，並以佛、道、儒、醫、養，融會貫通，編創一系列以「整體觀」、「求本觀」的防衰袪病之法，為人類提供了健康回春的新途徑，創造世界三十餘國尊崇學習，五十餘萬人重返健康回春的傳奇。

女兒白雁，先天性心臟病調治到痊癒，她成為一脈傳人，帶領各國各地三百餘名助教義工，將我一生的經驗和理念，精典傳承，發揚光大，現在成為深受歡迎並聞名國際的健康導師。

因為有愛，可以創造生命的奇蹟。各國學子和各界名流的真實見證，無數的奇蹟發生，驗證了我為之奮鬥一生的三個夢想，是完全可以實現的：

一、無論多麼艱難，生命總有希望，可以精彩無限！

二、生命是可以掌控的，疾病是可以擊敗的。人生的救贖是自己，生命更可以「樹老接新枝」，並續命添壽的。

三、青春是可以逆轉的。即使艱苦歲月不饒人，我們仍然可以活出不老神話。

一切都是因緣聚會

當本書付梓之際，我驚奇地發現，當中竟然記述了與近百位各國各地當時翹楚的故事。包括當時在中國身居最高位的黨、政、軍、醫、僑界領導，台灣三屆行政長官及工商企業著名人士，香港愛國企業家及美加僑領等。這些人物，貫穿了全民健康的風潮和歷史。記敘往事，是感慨人與人之間，有一種奇妙的因緣際會。人與人的相知相遇，乃是生命磁場的力量，也是命運的魔法，讓我在一生當中，無論身處何時何地，總能得貴人相助，與有識之士相遇。

本書通過紀實文學的方式，一個個鮮活的生命傳奇故事，如同電影一樣，將我此生的經歷，貫穿其中。因為講述的是歷史，所以人物都是實名制，以保持它的真實性。記述往事，也同時表達對當事人的感念之情。

書中選錄的感恩見證，除了來自當時的報章雜誌的報導外，其餘均經當事人自發自願提供。書中收錄了數十個生動感人、喜獲重生的報告，均出自於本團隊相識相知多年的弟兄姐妹，以實名見證。目的在於鼓舞大家整體健康，優化生命品質，所有範例均是參加課程、堅持練習，並配合正規醫學全面養生之結果。

謹此對所有曾經支持和幫助我和女兒白雁、女婿彥寬的貴人們，致以衷心的謝意！

在此一併對三百位義工、志工、助教致謝，沒有你們，就沒有這五十年。

序

母親，創造歷史

享譽國際的高雲大師，我的母親，她是中國文化的密碼。她創造了歷史，母親的經歷，相信是前無古人後無來者。將中醫學實用學、將氣功科研化、將養生編創成普見成效的妙法、為忙碌現代人提供祛病回春之路，是她一生的奮鬥和奉獻。

養生奇功，名揚國際

母親影響力遍及三十餘國，時間長達半世紀。她常說要創造歷史，她做到了！她常說：跟在別人後面永遠走不出自己的路。

當年德國國家衛生組織設法找到我們去教學，是因為我們有中文、德文、英文等多種語言的著作。他們認為教學如果能突破民族的文化的設限，在國際上能夠突破國界仍能被人們認同的理論和方法，才可以被稱譽為「國際性」教學權威。

從上世紀六十年代，她經歷三次死難後重生，上山拜師，找回健康與青春。她自幼從父母身上感受到疾病之苦，立志發揚中醫養生文化。

在七十年代，她是中國養生風潮的核心人物。她奮力發掘千年古老的養生秘訣，在覺醒中不斷的感悟，創造新時代的整體健康法，為忙碌的現代人開創了一條自我健康新生路。

八十年代，她走向世界，為中華民族搖旗吶喊，以宏揚中華，造福人類。現在，除非洲外，四大洲最早認識中華能量養生的神奇，是從母親開始的。百萬人聽到了她對健康的呼籲，數十萬家庭因她受益。

成就非凡，無人匹敵

母親以半世紀的奮鬥創造了歷史，她的成就，是無人能及的：
一、享譽國際最久最神奇
她揚名國際，在世界舞台傳揚整體健康學，獨樹一格，獨具風采。美國著名心理學家面對報章記者訪問說：從來沒有見到一個東方女性，一揮手，如此千姿百態，如此神奇，高深莫測。

二、獲歐美西醫尊崇

能夠站在美國高等學府講堂上，給教授們講授中華養生，她成為史上第一人。

在美國西醫的歷史上，心臟病、血液等專業學會，聘請東方女性專題科研並向她學習，她開創先例。

中國氣功健身歷史上，與多國西醫進行「氣的能量」科學研究，是前所未有的第一人。

在巴西的醫學歷史上，醫學院院長教授請她演講，她以神奇的超能量當場降血壓，獲得驚歎不已的掌聲，成為巴西的醫學歷史上，獨一無二的傳奇。

德國的漢學家說：從來沒有一個東方女性將中國的中醫學，如此神奇解釋，如此現代化。

三、傳揚世界範圍最廣

綜觀中國的養生與氣功歷史，從來沒有一位女性大師堅守五十多年之久，堅持不懈地創新發展，創造了無數的歷史傳奇。

中華許多珍貴的文化遺產往往因為局限於華人自我的思維方式，而無法在國際上普及。許多太極拳、氣功、中醫等傳授方法還停留在一招一式的經驗，很多在中國盛行的功法，在國外卻無法推廣，面臨只有華人才學得會的狹小局面。

目前在國際的自然療法舞台上，幾乎不見著名的華人的蹤跡。因為西方人並不認資歷，只認同經驗，必須讓事實令他佩服。

她也是傳揚範圍最廣，且享譽國際、最受尊崇的女性大師。

四、創編功法最多

最重要的是，她是創編養生功法最多的人。因為她的知識博大精深，無論是易經的應用、陰陽五行、太極、八卦、中醫、氣功、養生、食療，都表達在她所創造的十四套功法中，並且不斷的研究

提升，從學員效果中反覆求證，力求見效最快，效果最神奇，最為現代人喜聞樂見。

五、回春不老傳奇

更是有史以來，在世人眼中，最能彰顯回春魔力的神奇女性大師，也帶給數十萬人凍齡的奇蹟。

六、創造傳奇

她更是為數十萬家庭帶來健康幸福的恩人。創造出生的傳奇、久病痊癒的奇蹟、死裡逃生續壽命的傳奇。

七、愛的魔法棒

愛因斯坦曾經說過：在宇宙中存在著一種極其巨大的力量，至今科學還沒有探索到對其合理的解釋，那就是愛的力量。自母親立志要救父母的那一天起，愛的神秘力量就成了她的魔法棒。她的一切行為都是以愛為出發點。母親說：中醫就是道德文化，醫者仁心。她為我們的團隊訂立了「仁義禮智信」五德，她是我們的健康領袖，又是我們的精神領袖。

八、母愛的力量

至今八旬高齡，仍然到處都有她的奮鬥和施愛軌跡。所以，我在組辦大師五十周年慶典，主題就是：愛，永不止息。

每當八旬高齡的母親，為滿足大家久久的期盼，不辭勞苦地出現在世界各地看望兒女們，演講答疑，鼓舞相聚，我就很心疼。但是，當眾弟子見到她的那一瞬間，她身穿旗袍，展現東方女性的氣質風範，青春風采，令弟子們驚歎，一片讚美聲中，學員們寫道：「此雲只應天上有，落入凡間第一人。」「高雲大師的境界，絕對是跨世紀的女性傳奇！」

國際健康導師白雁

一代明師

我很欣賞大師的人品。她對學員說，請叫我老師好了，我不做「名師」，我要做你們的「明師」，做一個於法於理於你們，都要明明白白的老師。她在養生領域，的確是「明師」。

從一九九五年我堅持每一天

我在一九三二年出生在上海，今年已經八十七歲了。

一九九五年經朋友介紹，我參加了高雲大師教授的回春秘法和高級龜壽功，又參加了白雁老師的大雁功。至今，我沒有一天停止練習。因為我覺得對我的身體大有幫助。

我覺得這種有關健康的學問，選對老師很重要。高雲大師有醫學教育的背景，有科研成果，有著書立說，有功法創造，有系統學院式的教學，更難得的是有國際推廣的經歷。在她的身上，你可以看到身心靈的完美結合。她正氣滿滿，氣質純淨；她的內在，博大精深；功力也令人折服。

我很欣賞大師的人品。在她授課的時候，有幾句話，我記得最清楚。她對學員說：請叫我老師好了，我不做「名師」，我要做你們的「明師」，做一個於法於理於你們，都要明明白白的老師。她在養生領域，的確是「明師」。

師者，是每個人生命中非常重要的一部分，因為她指出了一條路，我一路堅持走這條路二十四年，為達到自主生命，大有助益。

她講課強調：「功為本，德為先」。所以有多年一直熱心服務的團隊，在週末團練服務，二十幾年未停止過。身為一個公眾人物，擔心會干擾大家，所以沒有參加週末在中正紀念堂的團練，但是我有恆心、有好習慣，每天早晨至少練習一段功，從來沒有停止過。

師傅領進門，修行在個人

當時學功時，我正在任職空軍總司令，年紀漸老，公務繁忙，平日壓力很大，體力也大不如前。「九二一大地震」之後就沒有打

過高爾夫球，由於平日閒暇時間不多。平日無法靜下來打坐，為保持體力以高雲氣功為養生之道，只是半小時的時間，但是覺得對自己很是合適。

記得高老師還說：「貴在堅持。師傅領進門，修行在個人。」我是在師大上大班課，大班人很多，剛開始學習的時候，動作不太標準，我只管耕耘不管收穫，仍舊不斷地勤練，因為我相信，只要堅持就會有收穫。

我很清楚每天的堅持對自己有幫助，明顯的是身心狀況逐漸回復了正常狀態。例如原來腸胃不好，練功之後腸胃功能大為改善，後來甚至連皮膚也變好了。由於習慣早晨起來練功，只要一天不練，就覺得渾身發緊，而練功完之後精神大好，練功已經成為我維持精力體力活力的重要來源。

之後肩負更大責任，忙碌的工作，頻繁主持會議，經常很晚下班，不過再忙，也要忙裡偷閒，盡量每天早晨撥出一定時間練功。

二〇〇〇年和二〇〇一年，因工作過度勞累，曾經歷過兩次大難，如今又是十幾年過去了，至今身體強健，無疑地與我持之以恆地練習高老師的功法保養身體有一定的關係。

自從我公職退休之後，高雲大師也已退休，她只是靜靜地關注著我們，以一顆毫無保留的清淨之心存在。白雁老師繼承大師的衣鉢，呈現出傲人的成績，從受教的同學持續累積增加及深入各大企業普及開課來看，高雲大師傳揚的理念已經普遍深植人心。

今得悉大師新著《八十不老傳奇》和《八十不老揭秘》將分兩冊出版，喜見大師一生的養生妙法經驗公諸於世，非常期待。藉此機會，對挽救我健康的高雲大師、白雁老師致以誠摯的敬意。

台灣前行政長官唐飛

堅持二十五年習練的前行政長官唐飛上將（右）於謝師宴上。

第一章

沒有傘的孩子

十九歲失去一條腿的母親，二十一歲在醫院奄奄一息的父親。兩位歷經災病死難的父母，我此生命定了，唯一的爭戰就是奪取健康。謹此記錄了一個世紀、三代人，危難中出生的傳奇、向天奪命的傳奇、老而回春的傳奇、續命長壽的傳奇。

七七事變轟炸下

在八十二年前，日本入侵中華大地，在蘆溝橋發生了七七事變，即歷史上的「蘆溝橋事變」，為日侵華戰爭全面爆發的起點。天津醫院遭日軍飛機瘋狂轟炸，醫生都跑光了，只剩地下室躺在血泊中的一個年輕女子，呻吟著，氣息奄奄，靠飲自己斷肢流出的血求生，在那一天的戰火下，她失去了一條腿。

這位女子就是我的母親，家人乘人力車，冒著狂轟濫炸的戰火救回了她。

母親的成長

母親，一九一八年生，聰慧賢淑，大家閨秀，在當時的封建制度下，女子無才便是德，很少有女孩子讀書的。她喜歡讀書直至高中，剪短髮，穿校服，活蹦亂跳。我的三寸金蓮的外婆，迫傭人每天給她纏足，她抗拒這種封建制度，半夜爬起，把裹腳布剪掉，整日活躍在校園運動場上。後來腿疼，延誤送醫，長輩缺少醫學知

識，責怪不應該跑跑跳跳，一定是運動扭傷所致，應該做大門不出、二門不邁的女孩。就在十六歲那年聽從媒妁之言父母之命，嫁給當時十八歲的父親。後來母親腿痛至昏迷，才急忙送往醫院救治。那一天剛好是一九三七年七月七日，在狂轟亂炸的炮火下，母親失去了一條腿，僅十九歲，成了終身的殘廢人。幸好她爭取自由自主，抗爭對女性奴役的封建殘餘；否則，難以想像，若是三寸金蓮的一條腿，又將如何支撐之後的八十年歲月？

戰火下的遭遇

在父親出版的書中，他用一段詩詞記敘了母親慘失青春的遭遇：

送入天津市醫院	冒著炮火揹出院
呼吸困難人昏迷	逃往鄉下以療傷
大夫緊急截肢術	奄奄一息無生息
否則不過三日亡	傷口潰爛入膏肓
麻醉藥劑鋼鋸起	緊急送往北京城
七七事變炮聲響	協和醫院療舊傷
飛機頭頂狂轟炸	醫生搖頭無可奈
日軍強攻戰爭起	再次截肢半尺長
醫生護士全跑掉	醫院住了一年整
只有愛妻無法藏	戴上假肢求復康
獨自躺在血泊裡	誓言患難攜手度
只靠飲血盼日光	九死一生謝上蒼

孰料九級神經痛
折磨愛妻終生傷
止痛嗎啡均無效
只靠堅忍意志強
相濡以沫七六載
和諧美滿享安康

堅毅的一生

經醫院診斷，母親所患的是「青少年成長期骨癌」，這種病多發生在十歲以上正值發育的青少年，癌細胞先在其他組織器官生長，然後在骨骼發作，最常見是在大腿部位。所以，當青少年的肢體出現原因不明的疼痛和腫脹時，千萬不要以為是運動過度或摔傷，應去醫院檢查。

母親奄奄一息的生命，因父親的堅守，不離不棄和無微不至的體貼，攜手越過了死亡線，兩個人如膠似漆，一生互敬互愛，得上天恩戴。中年以後定居日本、美國，幸福牽手七十六年。我親愛的母親，雖然不良於行，但她用一條腿兩隻手撐起一家六口生活重擔，一生與病痛搏鬥的堅強，以驚人的毅力活至一百歲，創造了多次越過死亡的傳奇。今天，謹以我家一百年傳奇紀實，激勵世人對抗病衰的信心，並獻上我們的祝願：盼望更多的家庭蒙福。

二戰炮火中降生在「疙瘩樓」

被稱為傳奇大師的我，因有著不平凡的命運，造就了傳奇的人生。但我的父母及大家族一直認為，這個世界上本來應該沒有我的。

我的祖宅——疙瘩樓

天津英租界，一個貴族大宅門樓房，外牆以凸形琉璃瓦包裝，在陽光下爍金發光，至今列為國家保護文物。疙瘩樓建於一九三七年，作為天津五大道高檔建築群的重要組成部分，現在為全國重點文物保護單位，是天津歷史風貌建築。

建築外鋪有琉璃磚並鑲嵌著一些的疙瘩磚，構成建築主體的粗糙質感外觀，是一座具有濃郁的意大利風格的西洋公寓式建築。

據溥儀的堂弟、愛新覺羅‧溥佐回憶，當年的「疙瘩樓」曾「車如流水馬如龍」。這個描述在我父親的傳記裡，也出現過。父親是收藏家，收買了許多珍貴的書畫。溥儀弟弟溥傑用純金畫的《奔

我的出生地——國家保護文物疙瘩樓。

　二戰炮火中降生在「疙瘩樓」

馬圖》，就在父親客廳懸掛，陽光照耀下閃閃發光。

這裡，是我的出生地，高氏家族，與英國、日本、台灣做東亞毛紡紗布生意，在滿清後，純毛料西裝和棉紗開始盛行，生意十分興旺，地位顯赫。每逢婚喪喜慶，軍政商界、達貴雲集。

在這個豪門中，居住著卅餘位親屬，被十幾個傭人和司機車夫伺候著，享不盡的富貴榮華。

感動天地終如願

我的父母因為經歷過生死病劫，兩人身體極度虛弱，氣血虧損嚴重，結婚幾年也未能成孕。在上世紀三十年代，女人不孕是被輕蔑的，我的外婆家曾勸我父親說：你再娶一個二房吧！這是我們娘家自願的。父親說：「我雖然救不了她，但我不能害了她！」「她已經很痛苦了，我不能離開她！」

父親的兩個哥哥各娶了二房，家庭紛爭不斷，大宅門外表光鮮極盡奢華，裡面卻如戰場。任憑丈人家多次勸說，父親始終執意不娶二房。

因父親忠貞不渝，他終日禱告，懇求上帝賜給他兒女，我作為長女，終於在難產中出生了。親朋好友無不視為上天恩典的奇蹟！

出生的陰霾

母親因為身體太弱而難產，我被產鉗硬夾出來，扭傷了頸筋，脖子歪倒向一邊，幼年時兩隻眼睛視物不在一個水平線上，直至後來長大成人，用自己的意念力才調正過來。

先天的因素，使我降生後便遺傳了虛弱的體質和病痛的折磨。

幾乎承受了所有常見病、多發病、胎中病的折磨。而最大的苦痛，是眼見癌症吞食高氏家族一條條鮮活的生命。

自懂事以來，我生長在癌症基因的恐懼和父母病弱的擔憂中。大宅門優越豪華的生活條件，並不能帶來人的長壽和健康。我的祖父祖母壽命均在五十多歲，便相繼因食道癌及子宮頸癌在大宅門過世。父親這一代人裡，伯父、姑姑又因患淋巴癌和乳癌去世。母親患青少年骨癌、父親晚年肺癌，家族癌症遺傳的基因，如同揮之不去的陰霾籠罩著我的天空。

後來趕走了日本人，內戰又開打，父親暫飛往台灣轉日本，大伯被關入牢。從此大宅門易手，至今仍屬於有特色的國家文物加以保護。

父母佳話，美國播頌

養生養德的導師——父親

仁者樂山，智者樂水。家父名樂山，他就是我最尊崇的仁者。

父親一九一六年出身天津名門。英俊才子，旺門貴族，成功企業家。自幼天資聰穎，十歲便已熟讀四書五經，自學英文成才，每週末去教堂聽英文講道，奉獻資金給窮困者。創建高氏毛紡廠呢絨綢棉紗商貿批發總公司，與英美日的商貿往來順暢。後擴至全國十七個大城市，成為職工三百餘人的商貿集團。父親不分日夜，忙碌著任公司的總裁。

因家族生意興旺，終日辛苦勞累過度，曾患晚期肺結核，以致大口吐血，臥床不起，危在旦夕。只有躺在北平香山療養院，那裡每天幾乎都有屍體抬出就地掩埋。父親經歷一年的在山上松樹林中靜坐，和終日讀經禱告求上帝憐憫殘妻，也是天公疼好人，憐愛並恩戴他，讓他成為少有的倖存者，意外地存活了下來。

我的思維和養生之道，受到父親影響很深。他常說：「『酒氣財

父親修煉六十年不輟。

父母佳話，美國播頌

氣』四面牆，人人都在裡面藏。」這是人的壞本性，也是人貪得無厭的追逐名利的緣由。

他摒棄社會潮流的壞風氣，身處三十年代的豪門，有錢人紙醉金迷，兩位伯父終日花天酒地，夜總會跳舞狂歡，各娶二房姨太太；而父親長相最為英俊瀟灑，卻煙酒不動，聲色場所不去，被大伯父諷為不合時代，父親只是看書、讀英文、寫書法，善待殘妻。

父親是我養生養德的導師和最尊崇的仁者。父親修煉太極拳，並且以「內煉一口氣、外煉筋骨皮」的功理，改善為「氣功太極八段錦」、《太極易筋經》太極十八式等，一練就是一甲子（六十年）。

雙親長壽傳奇

令所有人料不到奇蹟是，兩個垂死的生命，竟然攜手度過十次生死浩劫的災難，雙雙以高齡盡享天年，在美國加州傳為長壽的傳奇佳話。

為完成父母的心願，以他們一生的得救傳奇經歷，激勵世人對抗病衰的信心，我在退修後才開始學習電腦，終於用兩年時間，完成了母親的口述著作《折不斷的蘆葦》一書，並於二〇〇六年出版了。本書將父母一生奇妙的經歷，娓娓道來我家歷經磨難、蒙受救恩的傳奇。

一世情傳奇

在父親九十歲時，為了紀念二老牽手七十多年，由美國洛杉磯電視頻道播放了他們的故事，成為在美華人傳世佳話。根據他們真實感人的故事攝製的節目，專訪了我的雙親，在《牽手一世情》

上、下集中，那兩雙手緊緊地互握，感動了無數在婚姻、疾病和心靈上軟弱的人。

二〇一〇年該書被翻譯成英文版，在海地大地震時，也全數捐贈慈濟海地救難專案。

我擁有最值得驕傲的父母，是因為他們，讓我看到了：無論多麼艱難，生命總有希望。

即使殘破的生命，仍可以越過死亡活到極致。

因為有愛，可以創造生命的奇蹟；更可以盡享天年，雙雙長壽。

因為有愛，即使如她般足不出戶，也可以奉獻給社會光和熱，展現生命的價值。

我已經看到父母在極樂的天堂，牽手散步奔跑，遊歷宇宙，並且眷顧著您們的子孫，造福萬世芬芳。

如今，女兒我和您的外孫女白雁、孫女婿彥寬，已經幫助了五十餘萬人健康青春。

父親癌症續命的傳奇

五十年來，我們創造了無數的醫學上的不可能。我們創造很多「活得好」「活得久」的傳奇，還創造用「接續生命」而長壽的奇蹟。

古稀患癌　晴天霹靂

高家的癌症基因再次如陰霾籠罩著天空。慈祥的老爸在七十四歲時，由美國專科醫院查出肺癌，醫生說是早年肺臟被肺結核破壞得太嚴重，年老肺差而引發。陪父親看病得知結果，如同判刑。美滿幸福的全家晴天霹靂，我與弟弟妹妹偷偷地避開父親，相擁著老母哀傷。

將父母接到我在山頂的家中居住。每天早晨，父親仍然去後山公園練拳，母親則手搖殘障車，在我家後院一棵巨大的松樹下，一面禱告，一面痛泣流淚地向天敘說著神的恩典，求神保佑……

大約兩個月後的一天，聽到母親在院中呼喚我，忙跑過去，媽哭著對我說：「你的這株百年老松樹怎麼會突然死了呢？這是你爸

的不祥之兆呀！」

我吃驚地抬頭一看，忽然發現以往我練「站樁」時擁抱的巨松，樹幹竟然流出很多如淚的大粒松汁，不知何時，樹葉和枝幹都已乾枯了！

這奇異的現象，令母親恐懼不安，她說：「這棵樹的根死了，我和你爸已是兩棵無根的樹，能活到現在已經賺到了。」

隨後她吩咐我說：「把你爸打太極拳錄影下來，做為紀念吧。」說罷，又泣不成聲。

自古神仙栽接法

怎樣能幫到父親？我的方向是道家鼻祖張三豐的《無根樹》，有一段說：「無根樹，花正微，樹老將枯接嫩枝。梅寄柳，桑接梨，傳與修真作樣兒。自古神仙栽接法，人老原來有藥醫⋯⋯」

這是說人的生命，像一棵大樹一樣有生命的，但是這個樹，花已經開始萎了，因為這個根就是生命的原動力，就是氣，也開始微弱了。這個樹老了，將要枯萎了，怎麼辦呢？

自古神仙的一個栽接法，人老了，原來有藥醫，怎麼接呢？就如同農夫的嫁接方法一樣，梅可以去跟柳樹嫁接，桑樹可以跟梨嫁接，按照植物的方法，以同樣的道理，自古神仙的栽接法，人的生命，人老了，還是有藥醫的。（註：這裡所說的藥，不單指藥物，而是指續命的丹藥——元氣。）

我哄著他，對他說：「老爸，你要把你全部的太極拳要訣都教我呀，我才只學到兩套呢！女兒要好好向你學嘛！」

父親聽此言，開心地笑了，他的當大師的女兒又謙虛了呢！我重拾太極拳，每天陪他一起加倍時間練習。

我還想到了曾在七十年代陪著郭林大師，在她老人家上課時，為她寫板書，學到了她的「行功呼吸治癌法」，也曾經見到很多抗癌明星的生還傳奇。於是，老爸的太極易筋經八段錦加上呼吸治癌行功，每天從山頂繞山坡到山下再回山頂，一個上午的時間就過去了。

無疾而終　享盡天年

除了陪伴父親用運動活躍肺功能，每天煮早晚兩大碗湯藥，給他端到面前，可能父親一生沒有感冒過，一生沒有吃過甚麼藥，所以服藥效果非常見效，三個月後，面色已轉往日的紅潤，停止了咳痰。

我還設置了家庭健身房，十項全能器材、腳底震動器等等。給他再戴上計步器，每日不完成一萬步，不能上床睡覺，老父笑呵呵地像聽話的小孩子一樣，從容不迫心平氣和，一項不差地按規章制度完成。半年光景全家度過了聖誕夜，又挨過了春節，因為不敢在傳統節日去醫院，全家以為這是最後一個團年了……

轉年二月陪他去醫院體查：結果，不見了癌細胞 ⁈ 就這樣，癌症再也沒有復發，創造了古稀癌癒後，又續壽二十二年的傳奇！於九十六歲在安睡中，無疾而終，沒有受任何的病痛，安詳的被接至天家。

晚年的時光，父親堅持義務傳授他編創的太極拳，助人無數，寫書法捐贈百幅給社團及教會，臉上永遠帶著喜樂的滿足和藹可親的笑容。父親體面安詳地睡去了，這種長壽並臨終智慧與性命都無病痛的離世，被讚譽為「享盡天年」。

殘母跨越死亡至百歲

吃藥如餐飲

截肢的母親一向體弱病痛。當住在日本的二十多年中，曾經看了無數的著名醫生，到美國以後，子女們也盡一切努力，為母親尋求解除她的殘肢神經痛。西醫束手無策，説：曾有一些年輕戰士，難以忍受殘肢的神經痛而自殺。每當發病只有吃大量的止痛藥和打嗎啡針。我們在這幾十年當中，看到了母親在與人類第九級的疼痛之中搏鬥的堅強。以我父母的體質，能夠活到古稀之年，他們自己已然非常滿足了。知情的親友們已經讚歎為奇了。在古稀之年，衰老病死再一次攻擊兩位老弱者。

十二天食米未進

人的一生，不會一帆風順，老一輩人常説：「七十三、八十四，閻王爺來敲門。」多數人過不去這要命的「坎」！

母親七十三歲那年，突然之間臥病在床，她不吃東西，只是排洩。先是排出一些黑色的，後來排出一些膿塊物，即使不吃東西，還是會排粘狀膿物，直到完全都沒有了，就排黃湯。

一位古稀之年的老人，已經十二天不食，將會是甚麼樣的結果？母親本人和全家從來都認為，她一生都在殘肢俱裂的疼痛中，能夠活到古稀之年，已經是奇蹟了，全家人雖然心急如焚，但是也得接受這個事實。

華人的做法是動不動就打點滴，然而美國的醫療一般不如此行。到府醫生診後歎息說：「年太老，體太虛弱了，不必送醫院了，做後事的準備吧！」

向天奪命

這段時間，我絕不放棄。我按照自己的配方，煮一大鍋蔬菜湯，給母親當做水喝下去。一週後，再以我父母在日本居住時，母親最愛的「日式七寶蔬」用蒸餾方法滴出蔬菜精。想不到，第十三天開始，母親有飢餓感，要吃東西。我便用黃芪等幾味中藥先煎藥汁，再用藥水煮稀粥三分粥（七分菜、三分米），餵她喝下。

母親曾在奄奄一息時對我說：「你聽好了，若我走了，你負責給你爸找一個老伴，他沒有人照顧是不行的呀！」我當時無語。

再一週後，母親用行步器，一條腿支撐著，從病榻下床，在客廳行走，只見母親如脫胎換骨，皮膚突然變得非常光滑，小腹平坦，臉上一個黑斑都沒有，也感覺到全身非常輕鬆。完全就是返老還童的樣子。

她老話重提，再一次叮囑我：「你記住啊，別忘了有那麼一天我走了，你要給你爸找老伴呀！」此刻我便說：「老媽，你到現在

才放手我的帥老爸，不覺得已經太晚了嗎?!」

父母聽言，四目相望，媽哈哈大笑：「你說得也是啊！上帝還要留著我陪你爸呢！」父聽我此言，開玩笑說：「這話你怎不早說呢？現在誰還要我呢？娘子，還是你收留老朽吧！」二老相擁著，笑得全身出汗⋯⋯。

排毒功創奇蹟

母親如同返老還童，一生以止痛藥和安眠藥為餐，七十三歲死裡逃生，否極泰來，又續命二十六年，長壽至一百歲。這一次，與她的腸子因排藥毒血毒腸毒有至大的關係。

不久之後，我就開始自我實踐，總結出各種身體狀況的排毒反應，以更加科學的手段，把它編創成一個有理、有法、有效的課程「辟穀排毒」功，這個既能排十毒又能袪病延年的飲食療法，在一九九三年首次在美國公開傳授至今，二十多年的結果證明：效果好得不得了！這個課程也是我們精華的課程之一。

兩位古稀老人，遇坎垂危，竟然生還，可謂續命和添壽的奇蹟。雙親至九十多歲時，顯得比一般老人年輕很多，鶴髮童顏、思維敏捷、面部光潤，少有皺紋，沒有老年斑，手形飽滿漂亮，既無青筋，更無黑斑。聲音柔和清亮，二人對唱詩歌，喝茶舉案齊眉，神采奕奕，健康快樂，享受兒孫孝敬，家庭美滿幸福牽手七十六年，最後都享盡天年，臨終無病苦，無疾而終，雙雙高壽！

能得以安度百年的人只佔人口的不到千分之一。我的父母雙雙長壽且無疾而終，可稱之為不可思議的奇蹟。

兩老至晚年，還各自出版了著作，被美國電視台製成節目，以愛啓示社會，這不是傳奇嗎？

第二章

少女歷難結醫緣

少女死劫歷奇緣，先天病的瀕死經歷，反而誘發了特異功能。

命運驅使中醫學徒，注定了從醫的志向，立志長大了救父母健康。

十二歲自己命名為高雲，因為我就是「天空那一片雲」。

京城御醫

父親的醫緣

童年記憶中，父親朋友幾乎大多是太極拳、京劇界名流和有名的中醫大家。我家天津的房產，如今是國家文化保護遺產，曾賣給了京劇名家馬連良，在北京的大宅門也賣給了京劇名家裘盛榮，這兩位是上世紀家喻戶曉的中國京劇家，名聲顯赫的京劇大師。

父親因為父兼母職，孩子們生病，都是由他帶我們去求醫的，他的善良，引來了許多醫緣。正因為每次他帶我們去看病時，都會為母親的截肢後神經痛求藥。他結識的這幾位醫生都是京城名醫，他們有高尚的醫德和精湛的醫術。並且有憐憫心，非常尊重和讚美我父親的人品，久而久之，父親與醫生亦醫亦友。在我的印象中北京城鼎鼎有名的四大名醫，就有兩位，非常照顧我家。

國家領導人保健醫生

一位是御醫孔伯華大夫，是毛主席保健醫生，也為周恩來等領導人看病的。他是山東人，是華北地區的中醫界的代表，後來他創辦了北平國醫學院。

還有中醫泰斗施今墨大夫，都為我家人診治過。還記得父親帶著我和患氣管炎哮喘的弟弟到施今墨醫館去。我少時的心目中，大夫是神秘的，他閉目把脈時，在我心裡那就是救命的神吶。他們就是我幼小心靈中的偶像，因為沒有任何的偶像，能夠如救人命這樣的偉大。在我幼小心靈中，他們就是我黑暗中的燈塔，指示我前面的方向。

這四大名醫不僅因為其妙手回春的醫術而成名，更因為他們的仁心仁術、懸壺濟世大醫的精神，在京城幾乎是家喻戶曉婦孺皆知。

每次看過病，接下來就是到住家附近的中藥舖抓湯藥。藥店的店員一見到我就取笑說：喲！採藥仙女又來啦？

我是聞著煎中藥湯的味道中長大的，也因此結緣傳統醫學。稍微懂事，就知道自己生長在特殊的環境裡。學醫，是我的崇尚，也是父母的期望，希望可以給他們治病，這是我的最初人生目標。

孤獨的淚

幼時心靈的陰霾

母親沒有奶水，從來沒有享受過被母親抱著的滋味。我是在奶媽和保姆的懷中抱大的。幼年稍懂事，眼中看到的是不良於行的母親和戴著帽子和口罩的父親，鏡子中看到的是醜小鴨，就知道自己是沒有傘的孩子，我的童年世界沒有歡樂，沒有娛樂，更沒有全家出遊活動、運動。

作為長女，有責任與父親陪伴著母親與病魔的掙扎。

心靈中，我的青少年，就是看著父母病痛，心驚膽顫地怕他們離開人世，小心翼翼地孝順，怕我和年幼的弟弟妹妹成為孤兒……。

被禁運動的童年

父親有意送我去法國留學，三歲送我讀法國學校，取法文名

Gamay。學習法文，兩年內獲得全校唯一金牌。五歲上小學，連續四年獲第一名。雖然天資智商優秀，體能卻是倒數第一。

因為媽媽的警告，時刻響在耳邊：你千萬記住啊，不能快跑，嚴禁跳高！

可憐天下父母心，媽媽的叮嚀，是因為媽媽過分的緊張，怕子女重蹈悲劇。

儘管如此，悲劇還是開演了！我七歲的時候，開始忍受劇烈的痛，腿痛來全身發抖，通身上下冷汗直流，父母憂心不已，難道女兒遺傳了我們？

少年的悲哀

放年假了，然而，風濕關節炎，嚴重損害了我的少年時代。

疼痛襲來時，四肢遊走，靠傭人拼命的搥打，抱著棉被滿地打滾。我拼命搥打著腿，打到它們發青發紫。我恨自己的兩條腿，為甚麼不能跑不能跳，還常常折磨我？

母親看我痛得咬破嘴唇，非常自責，躲在另一房間內哭泣，漸漸地哭聲越來越大，父親抱著母親，緊張地對我說：你不要再哭了，你母親的腿神經痛又發作了！我和傭人立即跑過去，看到母親被截肢後的殘肢在床上顫抖、跳動著，如同被電擊一般，我立即撲上去，用雙手用力按著那截殘肢，不讓它跳。

醫生無奈搖頭，說：很多年輕戰士，也受不了這種截肢手術後遺症，因為這種神經痛是十級。只有一針嗎啡或杜冷丁打下去……

母親忍受十級的疼痛！這個場面在我少年時期，無數次地反覆地發生，父母無奈，我束手無策。心中暗暗地想：等我長到與媽同樣高了，就把我的一條腿切下來接上給她，而我呢，我絕對再不會有日本人轟炸下……

鬼門關

贏弱的身體，讓幼小的心靈蒙上陰影，沒有快樂和笑容，膽怯地躲在大人的身後，看著孩童們跳橡皮筋，跳方格，跳繩。我羨慕地看著小夥伴們追跑嬉耍，我沒有資格，在我少年時代，只要奔跑就昏倒，對於運動是懼怕的，只有醫生和藥物是我最崇拜的。

毒蜈蚣——險入鬼門關

鄰居金大娘看我可憐，請來了「蜈蚣余」大夫，他是全國非常著名的專治疑難雜症的老中醫。

父母親眼所見余大夫為大娘的女兒治病有奇效，金姐患的是中西醫久治無效的「舞蹈瘋」，這種中西醫束手無策的奇難雜症，發起病來，手舞足蹈，全身抽搐，十分痛苦。當年才十五歲的金姐姐休學在家，我們是好姐妹，可是她發病時的痛苦模樣，成為我揮之不去的陰霾。

金大娘帶領余大夫跨進了房門。只見余大夫閉著眼睛幫我把

脈，給我開了藥方，交代我的父母說：這第一劑藥，我用量輕喲，先給她吃了，如果沒有事，就煎這第二劑藥，她會昏睡……她可能昏睡過去三天，那是在過一次鬼門關。過去了就好了。

啊！父母聽他的一番話，嚇壞了，萬一過不去這一關呢？昏睡人醒不過來呢？

傭人從藥房抓藥回來，父親和我打開藥包，只見十幾條竹條上的蜈蚣僵蟲，發出獨特的臭味，嚇死人！該如何是好？他們知道蜈蚣是有毒性的，以毒攻毒？女兒小小年紀，哪裡有甚麼毒啊？萬一毒性大了，昏死不醒怎麼辦？

帶著忐忑的心情，將大包的中藥煮好了，勉強我喝下。天呀！難怪大家給他的封號，叫做「蜈蚣余」。

異象中的雲

不論那毒蟲有多麼的可怕，我在藥作用下，昏睡了，如同與世隔絕，至今還依稀記得當時眼前曾是一片非常奇妙的亮光，穿越在潔白的雲中，光非常的亮，但是很舒服，還有漸近漸遠的成年人的笑聲，我想追尋上去，但是又似躺在潮濕的草地，無力飛起。夢幻奇妙，難以描述！

被急切的搖晃和呼喚中醒來，據父母說我已經昏迷兩夜一天了。當時面色慘白，只剩微弱的氣息。醒來恍如隔世，全身汗水濕透，果然病情減輕了一大半！在此之後，連續數日。夢中出現的全是天上的雲朵。千姿百態，變幻無窮。好像看電影一樣的美妙。每天早早地就想上床睡覺。期盼著美夢中雲彩再現。這種夢境陸續反覆出現大約兩年……

第三隻眼

脫胎換骨　天眼打開

事情並不單純，奇妙的事情發生了！從那時起，我的體質變了，似乎變了另一個人。在我身上竟然出現了許多不可思議的現象！

印象深刻的是，偶有靈感，就會猜中老師作文考試題；這猜題的本領一直到女兒攻考全市第一名校時又派上用場了。

能感應磁場變化，有預感凶吉之靈感。有辨識惡人惡意的感應力。

只要天目穴發麻，就照鏡子，發現自己兩眼之間有一個發紅的豎的眼，如同二郎神的第三隻眼，每當此時，會覺得看人看事有上天的指令和暗示，我也不明白，把它稱之為大「X」光。天眼打開，路人走過，突然有感應其身體狀況。

胡塗醫　胡塗治

　　同學頭痛，把手按在她頭頂上，她雙眼流淚，她的眼淚是濃的粘的，然後說頭竟然不疼了。有時候會用眼透視人體內臟，八歲的時候，母親裝了新義肢，第一次帶我逛步行街，初見世面人群湧湧，突然間看到一個胎兒，頭朝下臥在女人肚子裡，十分好奇問媽媽：為甚麼寶貝頭朝下呢？母親嚇了一跳，以為我早熟，非常偶然，然而真切！奇妙之極‼

　　父親胸後背脊柱長了一個鵪鶉蛋大的腫瘤，我心疼不已，用小手去撫摸，竟然腫瘤由硬變軟，隨之消失了。真乃「胡塗醫生胡塗治」，父親對朋友說讚，笑封我是「蒙古大夫」，「手術刀不快也光」。

　　大院的鄰居們也喚我給他們的幼兒治病，甚麼發燒感冒等小毛病，我抱抱，就退燒了，所以我竟然成了大家口中的小高仙。每當放學回家，就有小朋友依偎在懷裡，說：小姐姐懷裡抱抱好舒服！

我是變幻的雲

　　這種現象一直存在，並且發展到女兒也有這些功能。後來，在美國，我與一位臨終關懷的人體科學家敘述，他分析說，你是屬於特異奇能體質。當時是靈魂出竅了，鬼門關走一回，誘發出了異於常人的奇特功能！他說：一般人的大腦只用百分之五至二十，其餘的潛能還大得很，它可以表現為超能、預測、透視眼、他心通、天眼通等等超凡能力。你的天眼通是因為下丘腦本來就有第三隻眼，而你的後天修煉又加強了它……

　　更加奇怪的是，只要作夢，就是在雲霧中，經常數日連續夢中全是天上的雲朵，千姿百態，如同看電影一樣奇妙。百思不得其

解，只要靜態沉思，就會仰望天空，希望天空再現夢中的那些變幻莫測的雲，夢做多了，深深感受到了上天的雲神奇無比，我伸出手想要撥動它們，凝視、互動、回應、心靈對話……漸入佳境，我覺得我就是天空中的一片雲，風起雲湧的雲，天高雲淡的雲，就是我！於是自己做主，從此更名為高雲。我就是那高高的雲，變幻莫測的雲，流動不息的雲……那時我十二歲。

我明白，我所擁有的一切，乃是上天賜給我的，上天讓我不易的來到這世，必有祂的美意，若我不做善行義舉，而用於欺世驕傲的資本，是注定要失敗或毀滅的，無論眾人如何尊崇我身上展現的神力，我只是擁有特殊方程式的「天空的一片雲」。

見證：孩子的純真　　　　　　　　　　　　　　　杭州朱羽

二〇一七年十月，我和先生帶著四歲兒子陳思誠到美國，參加大師的加勒比海郵輪愛之旅，小兒發高燒，大師心疼地抱他在懷裡，高燒就退了，小兒舒服了，我以為他忘了這件事。回國後，突然有一天，聽到他指手畫腳地對妹妹和小夥伴說：你們沒見過大師，她抱我了，熱熱的，好舒服呀。我還要給她抱！
因為小兒看了大師上課，平時都會每天催促我和先生：「你們要乖乖的練功呀！」我們練時，兩位小兒（妹妹思羽三歲）懵懂跟著，也常常如醉如癡，尤其在父母練功時喜歡鑽在父母襠下，或抱我的大腿，不願離開，還說：「這裡熱熱的，舒服……」

第三章

命運發揮魔力

人的生命就是由體能、智慧能、功德能三部分構成的。處於困境和人生無奈的青少年，命運的魔法，給我安排了三位奇人奇緣，給了我三能，也決定了我一生。

一位是我的中醫啟蒙恩師；一位是我的女性楷模；一位是嶗山道長，我的師父。

中醫小學徒

方知世人在萬般病苦中

從此以後，我對人體與大自然間的奧秘近乎癡迷。我全家也對余大夫崇拜得五體投地，他已年過六十，老人家自開診所，聽說非常忙，我的父親有心讓我學醫，也為了報恩，就讓我認他為乾爹，並到他的診所去幫忙。

余大夫見我小小年紀，寫得一手好毛筆字，又乖巧懂禮貌，就欣然答應了。

那一年我不滿十二歲，長暑假一開始，我就很高興地去診所幫忙了。這是我的中醫啓蒙，從學徒開始。只記得，天未蒙亮，我就從家裡出發，滿懷學習的慾望，徒步三站公交車，穿過小巷奔向老師的醫所。

當快要到達目的地，我大吃一驚，哎呀！我以為自己最早，天還未曉，怎麼會有這麼多的人聚在那裡了，還有的人帶著鋪蓋，據說從昨天晚上就在診所外睡地鋪排隊了。老醫師是多麼的負有盛名

啊！

　　我負責發號，至此我才知道，這世上還有那麼多久醫無效的疑難雜症！原來這世上還有比我父母和我更加痛苦無奈的病！

　　所有的病患都是親友介紹來的，後來才知道，我眼前這位神醫，竟然是原北大文學教授，日寇侵佔北平後，憤然辭職，閉門學醫，懸壺濟世。因其用藥奇特，擅起沉屙。

是藥三分毒，藥有兩面性

　　在這診所裡，是我的中醫啓蒙階段。我向老師學習了諸如觀面看診，特別有一些望診的絕竅，每當一位病人落座，我便想要「望而知之」，打下了童子功底，再學習讀中藥名稱。

　　在老師把脈開口時，我便用毛筆寫下藥方：蜈蚣、全蠍、防風……天呀！他的藥方中，常用蜈蚣，量又很大，有時上百條。我便好奇地請教，才知道：蜈蚣又名吳公、天龍、百足蟲，古人有很多偏方秘方用它以毒攻毒。「金蚣丸」就是流行於民間的丸藥。我很好奇：為甚麼要用毒蜈蚣下藥治病呢？老師説：蜈蚣熄風解痙，我用來以毒攻毒．

　　我在一本《醫學衷中參西錄》中看到：蜈蚣「走竄之力最速，內而臟腑，外而經絡，凡氣血凝聚之處皆能開之」；「其性尤善搜風」。我終於明白老師的英明，他為我開重藥是為了熄風邪通經絡呀！

　　記得有一天，老師曾經考問我説：毒蛇蜈蚣哪一個最毒？我回答説：蜈蚣毒過毒蛇。他點頭贊同。因為在我讀到兩千多年前的《神農本草經》中説道：蜈蚣「主啖諸蛇蟲魚毒」。將蜈蚣研為細末，並以消毒粗針穿刺咬傷腫脹部位，引流排毒，能使腫脹逐漸消退而

痊癒。

我當學徒期間，眼看著老師用接骨草、蜈蚣和蠍子等配方，治好了骨結核、下肢癱瘓、面神經麻、癧瘡膿腫等數十種疑難雜症。

立志讀醫救人

以後的醫病調理，奠定了兩個原則：

一、治病先排毒，可以對付疑難雜症。

二、是藥三分毒，藥有兩面性。

老師滿房間都是中醫古籍，我如獲至寶，下課時候，還會帶幾本回家去讀。古文醫案雖然讀來吃力，但是我非常著迷。其中一個醫案至今記憶猶新。說的是：鄉村一婦人，與一男子不軌，丈夫回家，男子從後窗驚逃，渡過房後一臭溪。回家三日，下體潰爛，命在旦夕。乃毒從下陰入，後來用以毒攻毒之法才死裡逃生。

從此以後，我的青少年時代的課餘時間，就是在研讀中醫書和古文中度過的。

望著滿屋醫學線裝書，及絡繹不絕的求醫者，小小志向心中升起：我此生一定要做一治病救人者，救數萬人以上，用行醫行善，換我媽的殘腿之苦。想要改變我家庭的健康狀況，在我的幼小心靈裡種下了救人的種子。而在這不大的診所裡，看到了人間病苦百態，於是種子萌發了、長大了，更加堅定了我讀醫治病救人的志向。

命運所使，感謝我的父母，讓我所度過的青少年時代，與中醫學結下不解之緣，這個醫緣，讓我一生在如何有效地解除他人病苦的追求中，成長壯大。

女神奇緣
——錦江飯店創始人

這段美妙機緣，告訴我；出生的困境並不能困住成功人的腳步，坎坷更能造就成功的人的特質。

她是我未踏入社會時，上天給我安排的傳奇女神——董竹君。她向我展現了甚麼是女性的價值？女人該怎麼活著？她是影響我一生的精神榜樣。這個女性榜樣如勵志雞湯，餵養了我青年時代的心靈。

錦江名聲在外　主人神秘莫測

在上海市中心最繁華的茂名南路上，有一座享譽中外的五星級酒店——錦江飯店。半個多世紀以來，這裡接待過一百多個國家的首腦人物，美國總統尼克森、法國總統蓬皮杜、日本首相田中角榮、英國首相戴卓爾夫人、前南斯拉夫總統狄托、俄羅斯總統普

京，卓別林等都曾在這裡留下足跡。

和錦江飯店一樣，董事長董竹君成為了一個永遠的傳奇。錦江飯店，就如它的主人，既名聲在外，又神秘莫測。

董竹君，著名企業家，上海錦江飯店的創始人，後連任七屆全國政協委員，堪稱首位女性企業家，女權運動的先驅。

氣質非凡　令人驚艷

一九六一年，父親的好朋友夏國瑛來家作客。她從美國回來，是電影導演。她向父親要求帶我去見她的母親董竹君。當我心中設想的老人微笑站在我面前，從未見過如此端莊秀麗，氣質非凡，令人驚艷的女性！

我稱她為「董婆婆」。婆婆見到我，很喜歡，當時就留我吃飯。

她說：「我聽你父親說，你字寫得很漂亮，文筆也不錯，我正在寫一本回憶錄，你願意幫我嗎？」

於是，這份人生的奇緣就從六十年代初開始了，一直延續到二十多年後，我得以早年移民到美國，還與這段貴人緣的福報有關。

聽她口述歷史，她的傳奇經歷，深深地震撼了我，我才知道在這個世界上，出身並不能困住成功人的腳步，坎坷更能造就成功的人的特質。

和她面對面坐著，出神地聽講述著奮鬥經歷。記述著她的傳奇，故事如同一鍋香濃醇厚的心靈雞湯，餵養了我青年時代的心靈。她成為了我生命中的勵志女神。

在我剛踏入青年，正在經歷病痛的磨難之時，這段上帝給我的美妙機緣，如同一道光，照進膽小自卑懦弱的心靈，我心中暗暗的

下定決心：我要改變自己，像她一樣不畏艱難，磨難中走出不凡的路，成為一個為人類帶來貢獻的女性，我要努力拚搏，讓此生發出精彩光芒，也去照亮別人。我也要到老如她這般氣質非凡，美麗青春。

我也要活出精彩的人生

她生於貧民窟，長於青樓，顯達於動盪時局，流芳於後世，成就自己，也成就了傳奇。

在此之前，我一直認為自己是一個沒有傘的孩子，沒有條件和底氣談及偉大理想，所以要小心謹慎夾著尾巴做人。可是她的情況比我難多了，但仍能幹出一番事業來。她本是一個洋車夫的女兒，母親為人洗衣。早年還被迫淪為青樓賣唱女，十四歲結婚逃離火坑，後來，不堪忍受封建家庭夫權統治，再度衝破枷鎖，開創女性獨立自主的人生。

她從落魄女子到打拚出自己的一片天地，成為中國最早最著名的女企業家。她雖然歷經坎坷，但從來沒有迷惑於眼前的苟且，從來不屈服於世俗的壓迫和命運的捉弄，終於活成了自己想要的樣子。

而她的世紀人生，始終詮釋著一個道理，只要自強自立，即使不依靠男人，也照樣可以活出精彩人生。

她的回憶錄，由我幫助編寫抄錄，至今仍然吸引無數的女性，尊她為人生傳奇的女神。後來謝晉導演依照董婆婆的回憶錄，製成了電視劇《我的一個世紀》。

我的人生傳奇女神——董竹君（左一）與周恩來總理。

面對困境　從不改變初衷

在文革歲月裡，董婆婆曾經兩次入獄。

晚年，她這樣說：「我從不因被曲解而改變初衷，不因冷落而懷疑信念，亦不因年邁而放慢腳步。」

第一次從看守所放出來，我去家中看望她。她告訴我，在狹小的屋子裡，每天自己會鍛煉並且小跑若干圈。所以，身體沒有甚麼毛病。她轉身走入臥室，拿出很多糧票和外匯券送給我，說：交給你爸爸吧，讓你父母一定要保重身體。

一切早有上天安排

董婆婆的乾兒子柴俊吉叔叔，從美國讀成博士後被召喚回國。他精通紫微斗數命理，說母親一定出國往東方，而我一定會往西方和南方。當時不以為然，以為是笑談。未曾想，命運果然發揮魔力，不久，父母帶弟弟妹妹移居日本，我到美國和澳洲定居。

我在她家有機會見到了許多如雷貫耳的名人，大文豪文懷沙、蕭軍、黃永玉等等。婆婆兒子夏大明哥哥患了癌症，我有幫助他，所以他常常介紹從美國來的病人給我醫治。因為效果好，名聲在外。八十年代初中美建交，我以專家學者身份被邀請到了美國。

憶往昔，感念這一段生命的奇緣，又怎能想到，年少的勤奮，竟給我親歷了女性的閃亮光輝，開拓了我的眼界，並在廿多年前就注定了定居的方位國度！回首以往才驚覺：人的命運似乎早已在冥冥之中，一切自有上天安排的美意！

我的一生，關鍵時刻，總是出現奇妙的福緣，得貴人神助。

失去青春

永遠不要絕望，往往盡頭就是開頭。凡事都會過去，人生是橋，總要有盡頭。

野菜、中藥充飢

六十年代初讀大學時，恰遇缺食少糧的年代。當時正值發育期，學校放假帶弟弟妹妹到郊區農場挖野菜，回來孝敬父母。上有父母，下有弟弟妹妹，只有限量供應的油和糧。

一個月二両油半斤糖，沒有東西吃，就想到去中藥店搜藥當食物充飢，那一天，我買回來一大箱人參歸脾丸，因為藥丸製作要加蜂蜜的，可以甜甜苦苦的當食物充飢，另有五大瓶卵磷脂，建議母親做為烙餅用的油膏，營養又能代替油，母親非常高興，令我再去，把藥店卵磷脂存貨都搜光了。

妹妹也在大學住校，一個週末，她用手端著一碗紅燒肉，走了幾站的公車，只為了孝順父母。我們能夠做到的，也只有這些了。

五臟六腑全面罷工

一群受過高等教育的人，包括中國科技大學學生，都是五穀不分的進步份子，我們被選派到鄉下接受訓練，與農民同吃同住同勞動，並清理農民幹部的貪污行為。

艱苦的種糧農民，最好的食物卻只有玉米麵的餅子醃鹹菜，沒有幾粒米，幾乎可以當作鏡子照的一碗稀粥，他們見不到魚肉蛋和白米麵。但鄉親們對我們很好，我們這個小分隊是三個大學生兩個北京幹部，每天換一戶人家吃派飯，那時我才二十四歲，老鄉們都親切地稱呼我：「老高，您請炕上坐。」我從那時就知道自己在別人眼裡是超老了。

永遠忘不了那雞鳴則起，扛起鋤頭去耕田的日子。大水災，泡在齊腰深的水中搶收高粱。回到住所，已經太陽落山。從井裡提上一桶冰冷的井水，匆忙清洗滿身的泥土，兩隻手臂被太陽曬得脫皮，大家嘻嘻哈哈做撕皮比賽，死皮如脫袖套一般，然後倒頭便睡。

每晚主持一場批鬥會，由貧苦的農民鬥爭地主和幹部，村民們蹲在火炕上，抽著長長的煙斗，點著煤油燈，在滿屋的煙霧繚繞中，聽農民苦訴並吃糠和野菜，以憶苦思甜。

鄉下的大土炕上面睡了八個人。臭蟲看好了這一群從城市裡來的人，每天夜裡狠狠的吸血，把這一群人咬得的面目皆非，全身都爛爛的流膿。我原本先天虛弱的身體，徹底垮了。每天不住的反酸，嘔吐，肚子漲得好像一個大鼓，昏倒幾次，城市小姐經受不住黨的培育和考驗，終於被送回城裡。

青春未來　便已失去

正值青春年華，沒有了青春，更談不上天生麗質了。看看鏡子裡的自己，臉腫得呈現圓餅形，一按一個凹坑，好像沒有蒸熟的黑麵饅頭，腿部腫得發亮。氣血循環系統沒有營養供應，想要罷工了，水分新陳代謝嚴重障礙，身體變成一個水桶形狀，體重達到一百四十六至一百五十斤，早上醒來眼皮沉重，眼睛腫成一條縫，晨夕之間體重波動甚大，沒有了月事，就自己針灸施梅花針。呼吸細弱，步履蹣跚，如垂暮老人。

自幼到大，所有的人生階段病，齊聚一身了。胎中病、兒時病、成長期病，新舊疊加積累，徹底地垮了。無力地躺著，心跳只一分鐘四十下，甚至走路要扶著牆，最棒的中醫教授把脈後都歎口氣，開中藥加人參湯；與苦藥為伍，不知何時到盡頭！

有一天，躺在自家的四合院躺椅上，很粗的兩腿如灌滿了鉛一樣沉重。用手指按下去一個坑，可以放入一枚硬幣，只覺得呼吸困難，氣若游絲，幾乎摸不到自己的脈搏，一陣陰涼的風吹來，全身突然顫抖，第一次感覺到，死神逼近是甚麼滋味？年輕的生命第二次感覺到暗淡無奈和悲哀。

仙人指路

聊齋中的神話？

我的父母憂心忡忡，正在這時候，父親的一位老朋友來訪，他是山東大漢，身體高大魁梧，是父親練太極武術和唱京劇的夥伴。

父親的這位朋友，是懂得道家養生的，他聲若洪鐘，走路飛快。與父親結伴，每日清晨從公園打拳回來，他們常常比賽走路快如風的「飛毛腿」道家功夫，所以，我們子女在年輕時都趕不上父親的走路速度。

他看到我的樣子，大吃一驚，心疼地說：這個孩子怎麼變成這個樣子了？他對我父親說：我看不妨讓你女兒試這一條路吧！

他介紹說：「在山東的嶗山有一個神人，是一位道長，俗稱『匡飛腿』，我就是和他學得這飛毛腿功夫。這年頭，道長已經所剩無幾了，但匡道長是道家代表人物，地位不俗，加上他有蓋世神功，秘傳養生長壽術，文能醫病，武能單手臂舉起一百二十斤的石擔，摔倒過水牛，所以他的太清宮還留在嶗山。」

崂山？我十分驚訝！我讀過作者蒲松齡所寫的名著《聊齋》，那裡面就有「崂山道士」一段神話故事啊！

尋求生路的仙機

錢伯伯臨走時，嚴肅並且神秘的對我說：你去見的這一個神人，只要他肯用手掌放在你的頭上，你的病就好了。但是，你絕對要秘密的去，不許對外張揚，必須保密我的推薦，否則，封建迷信的罪名我們擔當不起啊！

聽長輩此言，我如同墜入五里霧中……

錢伯走後，我認真起來，如果能夠有病不吃藥不打針，就能治癒，還要我們學醫幹嘛?!

但是，對於當時學醫又無能自醫的我，這訊息如同打了強心針，探索健康之道的慾望促使我去找他。

的確，崂山是中國道教的發祥地，道家經典中獨特而豐富的養生理論和健身法，在中國幾千年的歷史上佔有著重要的地位。

道家是中華古老的宗教，中國歷史上許多著名的人物，例如：被稱為道家開山祖師的老子，天文學家張衡，大思想家諸葛亮，中醫學家葛洪，他們都是道教文化的代表人物，並且這些人都有養生方面的著作。

先人的典範，更加堅定了我去尋根求千古秘傳養生法的根脈的決心！

坐以待斃嗎？我向命運的爭戰開始了！沒其他的路可走了，還是聽長輩的話，按照他指的路去了，踏上山林，我見到了救命恩師，獲得了脫胎換骨的重生。

第四章

追尋千古秘訣

世間有一種緣，是千百世修來的師徒之緣。感恩上天給我安排了傳奇的恩師。

上山拜道長為師，師父的一句話：「我救得你一時，救不了你一世」，如警鐘，時時響在耳邊。

明白了一個「道」：拯救生命靠自己。奠定了我一生大範圍治病救人的方程式。

恩師奇緣

探索的渴望

既然有緣得知這位神醫，遠遠超過醫學的範疇，擴大了醫療的層次，無論是健康的需要，還是專業探索的渴望，都促成了我不顧一切的前往。滿懷著追求、探索、求教的願望，開始了我的行程。

盛夏，水腫隨著排汗稍退，只覺得身體稍輕鬆起來。七月的驕陽似火，我登上開往嶗山的汽車，不由得想起蒲松齡筆下的嶗山道士和太清宮花仙香玉、絳雪的傳奇故事。

嶗山，自古以來常與仙子之鄉的蓬萊相媲美。它被比喻為神仙石窟，據說八仙過海的八仙，就是從這裡出發去蓬萊仙島的。這些古老的神話和傳說，將嶗山籠罩在一片神奇縹緲的色彩中。

這些神話和傳說吸引著我對它的無限遐想，汽車依山傍海前行，到了嶗山東南邊一個山窪海灣停了下來。眼前一片綠樹紅花掩映著青瓦寺廟。

翌日清晨，趁著登山遊客還沒到，我穿過竹林小徑，信步來到

海邊。長到二十多歲，我從來沒有到過海邊，海的浩瀚太美了！東南風夾著海上潮濕的空氣撲面吹來，遠望淡霧氣中的茫茫山頂，靜聽拍擊峭壁的嘩嘩浪濤，飽餐著海風夾帶的「負離子」，頓時覺得神清氣爽。不由得令我想起了詩人李白的名句，「我昔東海上，嶗山餐紫霞」。

真人不露相　露相非真人

然而，我無心尋幽探勝餐紫霞，唯有「深山謁真人」，才是催我此行的目的。山路不平，彎彎曲曲，儘管腳步很虛弱，健康的渴望，老子學說的吸引力，催我堅持向前行，路再崎嶇也要走完。

太清宮共有十多個院落，三清宮、三皇宮、三宮殿。他們不像一般宮殿那樣金碧輝煌，但見青磚石壁，古樸年深，更加襯托出道家的清寡靜雅。舉目四望，不見瓊樓玉宇，只有「道德天尊」、「元始天尊」神農和伏羲神像靜靜的立在殿中，承息著裊裊煙香，更給人以一種靜謐安詳之感。

嶗山是道教的發祥地，道家經典中獨特的氣功理論，和功法及秘而不傳的養生妙法和煉丹術都是源自這裡。

在中國幾千年的歷史上，道家佔有重要的地位。道教是漢族古老的宗教，中國歷史上許多著名的人物都信奉道教，而且有很多養生著述。但是這些寶貴的珍藏大都失傳了，也因為歷史和社會的原因，中國的道士已經所剩無幾，唯嶗山這道家發源地，碩果僅存。

因為道家講究：所謂「真人不露相，露相非真人」，所以他們大多數都是與世隔絕。我將要拜見的這位老道長，出家已經六十多年，是嶗山的掌門人。

無根樹，花正微，尋明師，問方兒，下手速修猶太遲。

謁仙風道骨真人

浩然之氣　虛靈之神

　　我往前走神水泉邊，水聲潺潺，鳥鳴啁啾，使人如臨仙境。忽然見兩個身著青色練功服的小伙子，雙手各提了一桶山泉水一閃身，就跨進了一所院落，他們奇特的裝束，吸引我緊跟上去，跨入庭院門，只見滿院盛開的鮮花笑靨迎人，幾個壯實的小伙子正在翻跟斗，打旋子，好不熱鬧。

　　正當我凝神觀看的時候，一個銀髯老者倏忽一閃，立在了庭院中央。只見他嗖地一聲，騰空而起，轉瞬間又來了個大劈叉，雙腿著地，接著一個側彎，竟然雙手抱著劈叉的前腳，將頭伏在腳上。然後輕捷地站起來，又從一個青年手中接過一把閃亮的大刀，他揮舞大刀嗖嗖生風，威武矯健。我十分驚訝，仔細看過去，只見他穿黃色道袍，頭戴黑色硬質道冠，冠頂露出束著的髮髻，胸前銀髯飄灑，神情矍鑠，真是氣度非凡。這果然就是我要找尋的嶗山主持匡常修道長。

他的徒弟很禮貌地把我讓進了房間。

一進門，首先跳入我的眼簾的是牆上的一副對聯。

上聯：時守我浩然之氣

下聯：常養我虛靈之神

馬上將我引入了一個超凡脫俗的境界。牆上還掛著幾把刀槍劍戟，又增添了非常濃郁的古代傳奇色彩。

道長從內屋出來了，見到我，他面露驚訝，定睛看著我，上下打量了一陣子，笑而不語。

我心懷敬佩，說：方才看到您高齡的年紀，還有如此矯健的身手，實在太了不起了。我現在連站立都辛苦呢，稍久就心跳腰痠頭暈，還能有救嗎？

他就是我要拜的恩人

師父不正面回答我的問題。他手撚銀白色的鬍鬚，連連搖頭說：唉！年齡是不饒人啦，你還年輕吶，我如今是徒有虛名啦！想當初，我是有匡飛腿之名，道家功夫首在腿，這個腿上的確是有門道的。但是這個腿上的功夫，沒有十年八載是練不出來的。道家在腿上是有奧妙的，第一層練長勁、硬勁；第二層練彈勁和剛勁；第三層練柔勁和氣勁。

我問：那些青年是您收的徒弟吧？老人爽朗的開懷大笑起來，隨後壓低聲音詭秘的跟我說：姑娘，你的下一句話一定會說，請你也收下我當徒弟吧！老人真是天眼通！他說：女孩子啊，不但是我這輩，我們祖上多少輩，也沒有收過女弟子呀。

他認真的、慢慢的，一字一句地說：哦？你學醫，卻難自醫。你要知道：這難呀。

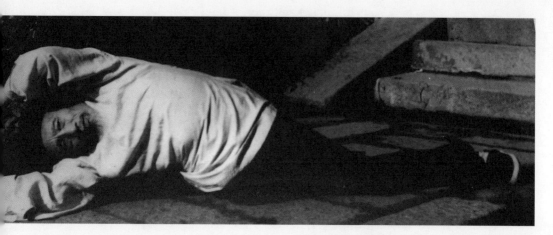

我的恩師匡常修道長，八十歲時攝於嶗山。

　　他打量我一陣子，大概看我病得不輕，引起他的憐憫之心，就說：既然已經來到，不過呢，這裡很簡陋，看你這麼有誠意，你先住得下去再說吧！

　　這是對我的悟性和磨性的一個試煉。

　　我幾乎要掉下來的眼淚，又流了回去。為甚麼我要費盡千辛萬苦來到這裡？我就是為了請這位高明的大師為我治病並且教我功夫，剛才幾乎以為自己要被打道回府了。

　　我深深的一鞠躬，感激的淚水似乎要奔湧出來。在內心裡面有個聲音說：這個就是我要找的恩人！

「初戀」

一生最大的所得，是徹悟。
非大徹大悟，不能脫胎換骨。

練功不站樁，等於瞎晃蕩

師父的態度令我十分滿足，我看到了他的仁心，所以心靈獲得極大的安慰，我躺在床上想：我有救了！只要讓我從此不再受病魔之苦，他就是我一輩子尊如父母的大恩人！

遠離大城市的喧嘩，山上非常寧靜，有成仙人的氣氛，睡覺也格外香甜……

忽然聽到噠噠噠的敲窗聲，將我驚醒，望窗外，一片漆黑，看看手錶，才四點多鐘啊！甚麼情況？只聽師父一聲乾咳聲，猛然明白：這是在召喚我起床呀！忙著跟了出去。

朦朧的晨曦中，師父一閃身就不見了，我追隨者聲音，到了一個庭院。幾個修行人正在練武。

師父見我到場，對我說：武行有句行話，是說：「練功不站樁，等於瞎晃蕩。」隨後，自顧自的練了起來。

我站在旁，觀察著，只見他兩腳平行，兩膝屈，蹲下身，大腿

與小腿曲呈九十度角，上身與大腿呈九十度角，兩手在胸前相抱。

他轉身對我說：這樣就是站樁。練吧！

等我叫你，才可以結束！

哦！我順從著師囑，大約過了五分鐘，兩腿開始發抖，身體前仰後合，幾乎要跌倒在地上。雖然正值夏天，卻冷汗直流。

天已近蒙蒙亮了，我想把腿伸直，喘一口氣，哪怕是歇息一下……師父似乎後面有眼睛，他突然轉身，犀利的眼神中帶著審視，我只好乖乖地繼續站下去。

不知過了多久，師父笑著說我：我說你不行吧？哪有女流之輩到山裡來學功的？

磨其心志的試煉

第二天和第三天連續都是練習站樁，清早和黃昏各一個小時。我已經筋疲力盡了，腰酸腿疼之極。

幾天之後，慢慢適應了。我希望師父給我增加新的功課。但是，他不肯教我。他說：我們的秘功有規矩，「上不傳父母，下不傳妻子兒女。」言下之意：何況是你呢！

但是，他沉思了一下，又轉身對我說：好吧！你看看我這個動作，你能夠看出甚麼道道來？

只見他如太極拳的起勢，然後右手臂在空中劃了一個大圓，又劃了一個反 S。當停了下來，他考問道：妳看到甚麼了？

雖然問題很突然，我的回答卻令師父一怔，若有所思的連連點頭，並豎起大拇指讚許的說：你真高！高！高！你姓高嘛！

刮目相看

他説：練功幾十年，祖輩流傳幾百年，只知其法，從來沒有人這樣分析過其中的醫學功理。

記得我當時説：此乃「道生一、一生二、二生三」，您的功法展示的是太極生成和太極陰陽轉換，並有扭轉乾坤之勢。通的是手三陰和三陽經，並且以走心經為首……因為我用易經和經絡學理論詮釋了他的動作，將古老的養生法，以現代醫學的結合，使他喜出望外，從此也對我刮目相看。

聽到他誇獎我高明，我開始覺得自己將所學之醫學解析古老真傳養生學，確實有悟性，若將古人佛道武家之養生法，加以科學醫學詮譯，必將使中華文化發揚光大，對於以醫救人的方向頓有了豁然開朗的領悟。

正因師父的鼓勵，之後幾十年來，我所編的每一套功法，都是以經絡學、氣化論、養生學為基準，創編成一系列有理論為依據的，適合忙碌的當代人的方法。

真傳一張紙

人生是自我選擇和造就的結果，人得善師，乃使凡人成善人。不得良師，失路也。

透過窗紙才見真傳

至於說到秘訣和秘功，師父說自己十三歲開始打坐、練氣功。他的啟蒙教師，是鄰居的一位年逾八十歲的小腳老太太。匡師回憶說：他放學後，常到她家玩耍，他親見這位老太太能用小拇指挑起一斗小麥，還能健步如飛地推磨軋碾，我就拜她為師，打坐練氣功了。以後，我進嶗山當了道士，氣功大進，還找這位老太太交流氣功，拜謝過她呢！

師父說：這門學問是必須拜師才得真傳，看書學不到的。所謂「假傳萬卷書，真傳一張紙！」那窗戶紙，一點透過，可以清楚屋內的究竟了。小女子啊！看來你是有慧根、慧眼，又有天命的！

閒聊時間我向他請教一些醫道古籍，他也願意為我解答。例如上山之前，特別選讀了《道藏》。師父聽我問得有點門道，就變得特別活躍，竟然用蘇武牧羊的曲調眉飛色舞的唱了起來：天有三寶日月星，地有三寶水火風，人有三寶精氣神，會用三寶天地通。

受刑木凳

以下的日子，既開心又不好過了。

有一天，他指著庭院當中的一條長板凳，對我說：你躺在上面，對！平躺著，不許翻身，也不許下來。

只見那一條板凳，大約只有不到一尺寬，約五尺長，四條腿，舊木頭上留下了時代的痕跡。

我乖乖地平躺了下去，按照師父所囑，練習丹田腹式呼吸，太陽慢慢的升了起來，照滿全身。大約十多分鐘過去，真是枯燥乏味難耐，堅硬的木板凳，讓我每一寸肢體都極不舒服。

每日在房間裡練習打坐和腹式逆呼吸，慢慢地漸入佳境。偶爾會覺得心曠神怡，心中暗暗自喜：啊！好奇妙！慢慢地，忘掉了病痛，忘我的存在。

飛毛腿和夜行術

師父告訴我，他八歲開始練習武術，每天夜裡子時，頭頂滿天的星斗，練氣功，經常練到旭日東升。至廿幾歲的時候，已經刀、槍、劍、鈎、叉等等十八般武藝，樣樣精通。為了練習腿力及夜行術，冬天向南走，夏天朝北行。仰臥在這個長凳上，可以腿蹬八十斤的沙袋，一蹬就是個把鐘頭。平時走路，十二步路變成九步行。可見這個飛腿功，非凡的功力並非一蹴而就。

變為天梯

聽他一席話，我再看那條長凳，感覺完全不一樣了。那不是在

受刑的木凳，那是登上高境界的一座天梯啊。

心境變了，功力也就長了。

一日清晨，我心甘情願地躺在長凳上練功。給自己規定較前長一點的時間。先深深地吸氣，飽餐著清新的空氣，望朝霞染紅的天空，真是心曠神怡！

萬籟俱靜。隨之而來的是，覺得好像天氣自上而下注入我體內，地氣自下而上從我命門而入，似乎與天地大自然在同呼吸，有天人合一之感！隨之而來的是忘息、忘我、眼前光明一片……待回到現實，已經是滿身的汗水，汗和淚水在臉部橫流，一條毛巾盡濕透。

救不了你一世

承師恩，智慧啟，真理明，道業成。
如果自己不努力，神仙也幫不了你。

身發檀香　彩蝶飛舞

山中的大黑蚊子，開始襲擊我，不能打，也不敢打，稍微動作大一點，就會從板凳上翻下來。

額頭正中咬一個大包，照鏡子一看，嚇一跳，像個老壽星一樣，額頭向前突起，十分滑稽的！但是可喜的是，發現自己臉上的浮腫開始消退，面目似乎又清秀起來。

有一天看到師父在樹林當中打坐，美麗的大蝴蝶在他身邊飛舞，他的肩膀還落得兩隻大蝴蝶，完全沒有蚊蟲叮咬他。我十分好奇的靠近他，隱隱約約的一陣陣檀香味隨微風飄來，原來是在師父身上發出來的，難怪沒有蚊蟲叮咬他。

這件事使我大吃一驚！後來我才明白原來師父長期修煉，所以身體成為鹼性的體質，而我體弱，是典型的酸性體質，蚊蟲是最喜歡酸性體質的人。至於身體散發檀香氣，師父告訴我一個道理：「氣純體自香」。過去古代有香妃的傳說，看來確有此事。

我深深的體悟出了一個道理：氣雖然是看不見摸不著的，但是它是真真實實的存在的物質。它是一種能量。它可以改變人體的自身內在環境，也可以和天地交通，達到天地人合一，這種能量用於自身，可以調整陰陽，正氣滿滿，正氣外發則能壓倒邪氣，就可以治病救人。後來我也會散發出各種各樣的香氣了。尤其在辟穀課時，我發百花香氣，供應大家能量，可以達到學員輕鬆斷食排毒。

我救得了你一時，救不了你一世

帶著依依惜別的心情，我要回去了。臨走的時候，我終於開口說出了，此次來的最終目的：

「師父，你可不可以給我發一口氣，救救我，因為我的錢叔叔說過，您只要把手放在我的頭上，我的病就都消除了」。

他用憐惜的眼神看著我：說：「你去吧，我救不了你。我救得了你一時，救不了你一世。」

一日為師，終生為父。師父這一番話，隨時會響起我的耳邊，它鼓勵了我，如果自己不努力，神仙也幫不了你。

殘酷的現實驗證了這句話，此次離開，與師父一別就是十多年，因為眾所周知的歷史原因，師徒不能相見。

而我的兩條腿，因為受到毒蚊叮咬，潰爛很深，紫黑色的咬痕佈滿了雙腿。也因此，之後五年不能穿裙子。儘管如此，我非常感恩這些印記！因為，這五年中，每當看到進山拜師留下的片片黑褐疤痕，就會提醒我山上修行立下的志向，催促我搶救中華養生文化的腳步！

也正是從此時，讓我在青年時代，就開始了承接大使命的歷史重任。

第五章

反思中覺醒

醫學要有愛的溫度。先知自己之苦,而後知世界。聞道不如悟道,
悟道不如解道。

醫藥只能解決暫時的病苦,不能解決衰老和死亡。藥是治標不治
本,病的修復在自身。身體的自我康復,產生的四大奇蹟,震撼了
心靈,帶來了生命的覺醒。

這個對生命整體的反思,造就了今天的我。五大覺悟決定今生今
世。

康復後的五大開悟

在之後幾年持續不斷的修煉的過程中，痼疾已經痊癒，心靈已被洗滌，全身病痛不翼而飛，此事令我堅定的認為，舉世多貧苦病患，若傳諸於世，當可救苦眾生，何苦不為？傳養生之道、授健康大業、解身心困惑，就是我的天命！

話說自嶗山拜師下山之後，經過每日勤奮練習腹式呼吸和站椿，體質大有改善。練站椿最難的是持久力，而練靜坐最難的是入靜和得氣感，耗時又枯燥乏味，憑藉理想，堅持不懈，以頑強的修行心，苦苦練了一年多。但是，自古以來，流傳幾千年的所謂「氣功」，就是這樣練的呀！

轉年開春，身體漸康復。用「增加元氣」自我調節病體，在我身上產生了很多奇蹟，震撼了我！

第一、自幼的體弱多病體質改善了，腿和臉的水腫隨著苦練的汗水消了。體重恢復到五十公斤，三圍被讚美為黃金比例，幼時一直被稱作黃毛丫頭的，竟然長出滿頭黑髮，母親突然發現醜小鴨變成亮麗的女兒了！

第二、隨著修煉，身心靈得到全面開發，慧眼、慧根、慧光出現，人體潛能和大腦潛能被開發，出現更多的超能力，如發氣、發香氣、千里診病等，自覺奇妙無比！

五大覺悟決定今生今世

隨著這些改變，喚起我的靈魂深處的幾個悟性：

一、有病不能完全靠醫藥，與其相信藥物，相信檢查的資料，不如相信本身的感覺，相信本身所具足以自我調節能力。但這需要在你得道 (智慧開了) 的前提之下，才能分辨這一切。

二、整體調節自身能量的方法，不但可以救己，還能更大範圍更加根本的救人。這將是我終身的治病救人方向和手段。

三、人體特異功能是一門科學。兒時在我身上產生的特異功能，終於有了答案。我要研究怎樣才能進一步開發人體潛能。誓做神傳中醫，達到望而知之，不需問病與切脈。

四、挽救幾近失傳的古老傳統，極需要我們將它醫學化、科學化，才能發揚光大。

五、將古人的寶貝，詮釋、改革，賦予它們新生命，是上天賜予我的天命。我醒悟了自己的生命不僅僅是為了取悅於父母而已，還要取悅於世界。

悟性是自心的覺醒，修煉是回天的通道。悟性至此，心靈深處突然感覺，天將降大任於我也！遂下決心：此生以弘揚中華寶貴養生文化為己任。因為人生的最大意義在於體現自身生命的價值。

悟道不如解道

智慧能量的來源需要我們虛極靜篤來從天地吸取。當內心蘊藏著的心念一動，就會調動大量的能量來幫助，完成所要完成的事業。從參悟到解道的過程，經歷了大約七年的時間，終於創建了我的「整體健康調節法」三大治則：

第一、「百病攻毒為首」

我編創的功法系列是本著「先排十毒，調補陰陽」為總法則。十毒是致病的主要原因，包括氣毒，用氣療法排之；血毒，用食療法排之；濕毒用動療法排之；心毒用正能量正念及音樂療法排之等等。

第二、「學中醫在實用」

我認為中醫的最高的境界，不是會開藥方；養生的最高境界，也不是照方抓藥。而是以中醫理念為綱領，以黃帝內經為綱，實用

於科學的養生法，學中醫在實用。

第三、「整體療法才能整體健康」

我提出人體全面五療的主張：醫療、心療、食療、動療之氣療，及習律療。

以此三大法則，突破了有病只靠醫療的局限性，開創了整體自我能量養生法，我全面顛覆流傳的古法，而將中醫學、經絡學、導引術、五行學、易經、道家養生術結合，五十餘年中，陸續創編一系列計十四套新法，達到五療的整體調節，為忙碌的現代人喜聞樂見，又因快速見效，而廣泛傳播於世界。

悟道不如解道。我從幾十萬人的身上找到很多經驗，出現了太多奇蹟和醫學上的不可能，這只是我的實踐結果，並非用科學可以完全解釋清楚的，這就是中醫和西醫的不同。中醫是整體論的，但看似虛幻的，望聞問切、四診八綱、陰陽八卦，虛幻但是存在的。西醫乃分割論，所以，中西醫都要發展。

我深切地明白，搶救中華養生文化遺產，必須要創立自己的「道」，從此以後我的這「三個道」就是：

一、「道理」，要有醫學科學為理論基礎依據。

二、「道法」，要去粗取精、去偽存真，獨樹一幟的法。

三、「道路」，要尊重自然法則，以仁心仁術救人為本的正確道路。

我的這條路，就是除了中西醫之外，新創造的自我健康的捷徑。用整體健康法則，開發人體潛能和自癒力，達到返還青春，自主生命。

我的這條路，協助了中西醫的作用，挽救了很多人的健康。

山以清為貴，學以精為貴，氣以純為貴，精以滿為貴，神以全為貴。

一日為師　終生為父

學道，貴在專一

　　我的恩師匡常修道長，對道家養生長壽的經驗是首屈一指的。我決定一生只跟隨他，一日為師，終生為父，有機會就去學習及看望他。

　　七十年代末，我為師父在嶗山的道館組織了一場學習班，師父非常開心，參加的人來自於全國各省代表，我們就是要恭聽這位道教協會會長講「道」。

　　記得過去，為了讓我更多的了解道家養生，老人曾指導我選讀一些有關的書籍，《道德經》、《周易參同契》、《悟真篇》等等。他說：你是喜歡讀書明理的人，繼續讀那些書吧。這次臨行前，我又重拾書本，帶上疑難問題，有備而去。

　　學道，貴在專一。這一次我帶上了我的女兒白雁，對子女最大的愛，是給他們健康的身心。她有拜見師祖的強烈願望，親眼看到母親近幾個月以來每天晚上在孤燈下，為道長寫書稿。在她幼小的心靈裡，師父是傳奇的人物，師父是神人。她當時十二歲，我希望

她去受教育，也趁暑假帶她去海邊一遊。

又是盛夏七月，驕陽似火，再赴嶗山。

師父當年已經八十歲，他為我們講課樂此不疲。女兒見到道長師祖，非常崇拜，她也和大家一起舞刀弄劍，並且乖乖地拿一個小本子做記錄，還為團隊集體照像。

當時師父曾說：「你記住，你是有天命的。妳的這個閨女呢，將來會青出於藍勝於藍。」我記住了，我相信師父的話一定是有哲理的。

道，自然也。自然即是道。

今天，翻出已經發黃的筆記本，將師父的問題解答，記述如下，以明示學道者。

師父的開場是從老子的《道德經》講起。

當時他曾指著我提問：甚麼是道？道怎麼寫？

我答：道字是「首」與「走」，按照自己的頭腦走自己的路，就是道。

師父說：自然即是道。自然者，自，自己。然，如此，這樣，那樣。道，自然也。你看：

日月無人燃而自明，

星辰無人列而自序，

禽獸無人造而自生，

風無人搧而自動，

水無人推而自流，

草無人種而自生，

不呼吸而自呼吸，

不心跳而自心跳……，不可盡言，萬物皆是自己如此。

一日為師，終生為父，歷史切不斷師生情，再上嶗山見師父。

　　　　一日為師　終生為父

春秋後期，老子最先把「道」看作是宇宙的本源和普遍規律，成為道家的創始人。在老子以前，人們對生成萬物的根源只推論到天。到了老子，開始推求天的來源，提出了道。他認為，天地萬物都由道而生，也是萬事萬物的運行軌道。

必須自己修煉，才能得道

老子《道德經》開篇說：「道可道，非常道；名可名，非常名。無名天地之始，有名萬物之母。」

這是甚麼意思呢？道，是可以說的，也可以命名的，但不是我們所說的有名有象事物，因為那不是永恆的道。

「無名天地之始，有名萬物之母」的意思是：大道本產生於天地之前，是開闢天地之始；大道是生育萬物之母。所以這個「道」，難以徹底講述出來，只可以直觀體驗。

所以，「道」不是口頭上的空談，而是實際的存在。

「道」，包括三方面：

一、宇宙萬物產生和發展的總根源，這是老子哲學的核心；

二、自然規律；

三、人類社會的一種規則、法則。

最後師父講，道，不是口頭上的空談，是實際上的修煉，每個人必須自己修煉，才能得道。他以道家鼻祖張三豐的《無根樹》說：「無根樹，花正幽，貪戀紅塵誰肯修？浮生事，苦海舟，蕩去飄來不自由。無邊無岸難泊繫，長在魚龍險處游。肯回首，是岸頭，莫待風波壞了舟。」

我不再做無根樹，要找到自己的根，探索健康抗衰的根，並扎根於廣大受益者，讓生命根深蒂固。

從眾法消亡中「悟道」

導師的話　時代使命

感恩我生命的貴人和人生導師，給我的幾句話語，讓我一生有了目標，所以今天的成就是屬於他們的。

中華全國中醫學會呂炳奎局長說：祝妳「風華常茂、元氣永存」「為中醫做貢獻，就要做名聞天下的上工。」

嶗山道長師父說：「我救得你一時，救不了你一世。道，自己也！」

世界著名科學家錢學森說：「希望在你們年輕人身上！」

馮玉祥將軍之女海軍總醫院馮院長說：「傳揚中華文化，不能只傳揚過去舊的東西，要給它新的解釋。」

奮力傳揚中華養生文化，給它成為世界喜聞樂見的新生命。這就是我的時代使命！

有這些導師的話語為指導，還要設立自己的理論方法，在實踐中出真知。人，不只為了生與活，而在於體現自身生命的價值。

浩如煙海　見聞廣博

為迫切搶救即將消亡的中華養生文化，除了到處去尋奇人異士，還組織參與全國名家交流大會。博採眾長，交流探討。

參加大會各行家，八仙過海，各展其能。面傳心授者有之，十世單傳者有之，包括人體超能力、太極拳、氣功、導引術、吐納法、佛家坐禪、道家打坐修行等等行家。我如飢似渴的了解學習。因為歷史原因，古代各家經著浩如煙海，我努力吸收百多種修煉養生法的精華，可謂見聞廣博。

花了幾年時間，行萬里路，開啟了我的慧根和悟性，終於決定摒棄前路，找到了自己前面正確的方向，開創全新的道路。

魚龍混雜　門派之爭

在尋尋覓覓中，我逐漸發現，很多社會亂象浮出了水面，看似簡單平和，實際魚龍混雜，門派之爭，門戶之見很嚴重。以一次親身經歷舉例說明：

在一次全國各省市「能人異士」代表大會上，有人「隔山打牛」，有人「發黑氣」，造成會場西邊一片座位的代表受邪，第二天都因腹有「邪氣球」作怪，這一片座位代表都缺席。我也是受害人之一，第一次感受到了武俠小說裡面所說的「掌心雷」，可以傷及氣機紊亂，邪球到處亂竄，一天之後才用真氣搬運法消掉。沒有功力的人，則表現面色發黃，表情十分痛苦，不能飲食。

人得善師，乃使凡人成善人。不得良師，失路也。故求師相傳，心要堅如金石。所以，選師的智慧決定一切，首先要有「慧眼」，識別其法。千招萬變的法，該不該花時間去學習呢？慎之！

眾法消亡的原因

至如今，當時流傳盛行之法，大部分都已消亡了。其中最為根本的原因有四：

一、天人合一、善惡因果、仁義禮智信的「正念」已經煙消雲散；

二、違背了中國傳統醫學「修煉德性」的傳承模式；不講公德心，過多關注如何追逐名利，江湖習氣，基本上不具備靜悟條件；

三、僅是個人體悟，僅有一招一式，將個人自修的過度渲染，沒有普遍大眾的經驗效果驗證支撐；

四、在傳承的過程中，只知法，沒有醫學科學的理和效支撐。所以，還不能稱其為道。《韓非子‧解老》認為「萬物各異理，而道盡稽萬物之理」，故曰：「道，理之者也」。無「理」，不為「道」，亦不成「道理」。

第六章

首倡「抗老回春新途徑」

失去青春，只有找回失去的年華。我獨立先行，開創潮流。我選擇艱難的逆向行走，反其道而行之，返回幾千年前，尋找中華古老的養生健康長壽的奧秘。在神奇靈的力量下，發現了人類延緩衰老的新途徑。

宮廷之秘
——千古道家回春術

道家秘中之秘

翻開古籍，流傳於民間幾千年的養生文化，浩如煙海；但是，正如俗話所說的：假傳萬卷書，真傳一張紙。囿於種種歷史的原因，一些高級的秘技絕功，向來是秘而不宣的。

在所有的中華養生文化中，以道教的文化最豐富也最神秘。因為歷代的皇帝都會聘請高層的道長到皇宮裡面去，指點皇帝如何能夠駕馭三宮六院七十二妃。如果沒有這些秘法的話，很多皇帝在年輕的時候就會因為洩慾過度而死。秦始皇也因此學習煉丹術，並且派人渡東海，去找長生不老藥。

回春秘術，因有回春之功效而稱名。它源於中國古代道家文化，兩千多年來由高層道長一脈單傳、心傳、秘授，並且由高層道長授於皇宮秘室，使皇帝享盡歡樂。

中國的君王制度結束後，這個秘術也就瀕於絕跡了！

為何秘而不傳？

曾記得我曾問師父，真的能夠讓人長壽並永葆青春嗎？

師父答：有！只不過凡人練不成！

我好奇地問：為甚麼呢？我可以學習，再苦再累我也不怕！

師父說：你是女子。我給你講個故事。現在我們有道姑你看到了，都是經過考驗才收的。當初常常有些中年女子因為感情上的問題，就想要來脫離凡塵。我就會給她們發一個小盒子，裡面裝滿了棉球。過一陣子暗中檢查那個盒子，裡面棉花是帶血的痕跡的。你明白了嗎？

我聽了真是丈二和尚摸不著頭腦。我怔了，完全不懂，為甚麼會如此呢？

師父笑而不答。

那麼，如果我是男生是不是可以有機會學到呢？

師父變得很嚴肅地說：這個功法如果傳授給德性不好的男人，他會禍害人。

帶血棉花球，一直是個謎團，終於在我發掘並研究「道家回春術」的若干年之後，才自己找到了猜想答案。那是中年女子肉慾擺脫不了性飢渴，而用縫衣針刺自己吧？

同時我也悟出了三個問題：

其一：為甚麼「上不傳父母，下不傳妻子兒女」？因為它是秘中之密，自己的親人也不傳，是遵守道規，這是必須的德性。

其二：為甚麼不能傳給德性敗壞的男人？這種人至高齡還能有超強的駕馭多位女性的能力。自恃性功能強，而走入淫路歧途。

其三：原來這個秘訣最大的功效就是增強男女性功能，以增加性荷爾蒙令人回春！

發現秘中之秘

師父曾説：天有三寶日月星，地有三寶水火風，人有三寶精氣神，會用三寶天地通。道家認為精氣神是人的三寶，神乃是身之本，氣者神之主，形者神之宅也。

所以，只要達到一輩子直到老，都是「精滿、氣足、神全」，就是上乘功夫。

説到「精滿」，我向師父討教流傳於道家全真派的秘法「道家養生長壽回春功」。

因為我練了以後，發現了為何使人不老之最秘中之秘部分，是「造精、生精、保精」之術。所以，我對功理進行了中西醫合併的解密探究，希望得到師父的認同。

悟出絕招，以自身效果反推功理

師父不置可否，他説：「假傳萬卷書，真傳一張紙。」又説：「既然是秘功，自有它的絕妙之密。此中道理歷來不講明，也莫需問，因為古人傳時不需明其理。方法流傳一向單傳心授，可以練成不老之體是千真萬確，最後如同我的師父，自揀吉日，坐化升天了。我還真的看到師父回來過……」

如此奧妙的事情，我必須研究它，若真的如師父所述的神奇，豈不造福人類？

動力和目標確定了，即使秘法師父不傳，我便悟出絕招，先出效果，再以效果來反推論出功理。當我將以下三個説法告訴師父之後，他頻點頭，讚我有慧根和天命，他説：「實在的話，雖説秘功，自古就是只講練法，沒有道理可講的。」

神來之法
——現代版漢朝導引

千年神秘的養生術，
本是我民族的生存之道，
無需後人論斷其科學性。

我熱衷於專注研修抗衰回春法，起始於四十年前。主要來自於四個動力：

一、想恢復失去的青春

首要的動力，是對自我健美的要求。經過環境的遭遇，風吹日曬，過早催老了容顏。想找回青春，彌補失去的青蔥歲月。查中國幾千年的壽命歷史，道人長壽，全真道的主持張紫陽、醫聖孫思邈享年百歲以上，這在古代文獻都有記載。

我的師父精氣神遠超常人，所以我相信道家養生長壽秘訣是存在的。我要讓自己成為名副其實的道家回春學榜樣，就要從內至外散發超青春的光彩。於是，我結合父親的太極十四式，順藤摸瓜，攻讀很多道家養生文化古籍，一面摸索探討，一面反覆習練，回春

效果很快便顯現了！我知道自己這條路是摸對了！

二、它是神來之法

最直接的原因，就是該秘法動作的來源，一部分完全是來自於上天的指引。幾度上山拜師，求道家養生回春秘法，曾眼見師父練的招式，他也曾用其中兩三招考驗我的悟性。說它可以令人不老，其中到底有甚麼道理呢？

仍按古法練無極站樁吧！選擇吉時吉向，將身體各部分調節好，全身放鬆站立，心中無雜念，真氣漸濃，內氣鼓盪，突然靜極生動，超能量指揮著我的肢體，做出一系列自發的動作，從內臟至口中發出各種聲音，隨著六根震動，過三關，周天運行，有如巨龍附體，全部動作出現龍態、如巨龍游升，躍動翻滾，忽而升天入雲，忽而潛海，手如龍爪口噴火，如醉如癡，欲罷不能。事後，這種自體陰陽的交合快感，令全身四肢百骸舒暢無比，我記下了。我屬龍，此功乃為我也，每天順其自然，龍游著。

後來又有一段時間，身體騰地而起，如虎嘯，如猿行，如鹿跳，如龜縮……有時頂天立地，有時仰天呼地，時而剛健，時而柔若無骨，千姿百態，奇妙無比。而病痛及脊椎的歪邪就在這種享受中，悄悄地離我而去，用脫胎換骨形容自內至外的變化，最為恰當，從此對生命和使命充滿了信心！

三、自發演繹兩千年前漢朝健身術

兩年之後，湖南長沙馬王堆漢墓出土了。在這古代文物當中，有一張繪有四十四幅練功姿勢的帛畫《導引圖》，展現了老祖宗在

中國湖南馬王堆出土文物「漢朝導引術」，生動描繪二千年前古人的養生法。

我編創的《現代回春術》，妙如天賜，動作神似。

兩千年前漢代盛行的道家養生導引法，對研究中國古代的養生法有極大的價值。令我既驚訝又感到榮幸的是：我在真氣帶動自發出現的動作中，竟然和馬王堆的這個圖中好幾個動作是一致的！那些是兩千年前古人的健身法呢！我不得不感歎上天的美意，是神奇的宇宙能量，帶動著我的能量，體驗了古人練功養生秘法，再現兩千年前漢朝版導引動作。

歷史的依據竟然如此神奇的展示在面前。此乃神來之法呀！自此之後，我對每一個招式，體會動作的合理性，是否符合中醫陰陽調和理論，研發新的招式是否符合中醫經絡學的走向，功法的效用是否符合天人合一之道……我為各種動作命名，驚覺這些動作，與人體經絡學的走向通路，是如此這般巧合，真是奧妙之極！

依據氣路走向，觀氣能力，以道家養生長壽學理法為綱，我陸續創編了抗老回春系列法：回春秘術、高雲五禽相生法、龜壽功、大乾坤及大周天等。

四、發現延緩衰老有新途徑

第四個動力是，自古以來，人類不斷探索長生不老，始終只是夢想。而我要努力達成人類青春的夢想！秦始皇派人東渡求長生不老藥，至今尚未找到。既然有如此神奇的回春效果，而在歷史上又是空白的。因此研究它便有意義！我試圖把長埋歷史兩千年的馬王堆導引圖，變成活的現代導引法，並且發揚光大它！

古往今來，人類不斷地在探索健康長壽的方法，但「長生不老」之藥，至今尚未找到。然而，道家秘傳養生術卻有你意想不到的神奇功能，它可以使人體增強內分泌，產生性激素，達到健美、嫩膚、駐顏、強壯性機能和祛病延年，永葆青春。

九十老翁　以性延壽

以性延壽　果然超凡

我的抗衰回春研究，通過自身實踐和探索，讓我看到了返還青春的效果，時間開始停格，青春在逆返。也在養生風潮產生了影響。

經過了十多年的在修行悟道中，我不斷研讀國際醫學與科學家關於人類衰老各種的不同「學說」，然而卻找不到關於防止衰老最有效而貼切的解決辦法。正當此時，奇蹟發生了。

四十多年前，有天接近中午，有人上門拜訪。開門一看，是一對老夫婦，我恭請他們進來。他們看起來非常恩愛，落座以後，兩人一直手牽手，讓我非常的羨慕。我定睛一看，他們也就六十多歲的樣子，因為看他們真是鶴髮童顏，皮膚細嫩光滑，說話間，頭腦清楚，口齒清晰，好像一對小情侶般的甜蜜。可是他們卻告訴我：「我們已經九十多歲了。」

這句話令我非常震驚！他們說起話來鏗鏘有力，神采飛揚，比一般中老年人有活力。我太興奮了，研究人體的抗衰老秘訣，是我

多年最熱衷的課題。我不由得向他們發出連串的提問。

天降奇緣　為我解惑

老者笑而神秘的說：「食、色，是常人所為。我們是靠性。」

甚麼？我有沒有聽錯？「性」？他們的回答讓我如雷貫耳。

他說：「我們是用夫妻性生活才不老和高壽的。」

就是說，你兩老到現在還有性生活？

他兩位互相對望，老先生說：是的，而且很和諧呢！

我感覺到驚訝萬分，不由得看看老婆婆的反應。她微笑地點頭，贊同老伴的坦白。

性，是個禁區，儘管是人類傳宗續代的本能；但是，到如此高齡而不老，竟然是以性為秘法，不由得為之震驚，並向他們請教。

望著這一對九十多歲的老人，我驚得半天也說不出話來。老先生從包包裡取出一本書，發黃的宣紙顯然是古籍。我珍而重之地打開，只見「陰陽互補」、「採陰補陽」、「乾坤挪移」、「生精造精」等等詞彙，赫然跳入我的眼中，我如獲至寶。而兩位老人家，為甚麼找上我呢？他們又是何方神聖？為甚麼要告訴我這個秘密？我真像墜入五里霧中。

寶精之道的奧妙

老先生很高興，他說：我們今天來拜訪你，就是想告訴你這其中的奧妙。我們活了這把年紀了，從來沒有跟任何人講過這件事情，但是看到你從事研究道家抗老回春法，我們感到非常欣慰，終於有人敢衝破禁區了，所以，特別來看看你，也跟你講一些關於道

家房中術的真偽。我們希望用這個性的知識給一些人健康，不要在性的方面走入歧途。

性生活跟人的壽命有關係嗎？

老先生說：「任情的肆意損年壽。我們結婚七十年了，一直遵守節身之和，寶精之道，所以不但不損身體，還輕身延壽了。」

他們走後，我突然覺得，他們似乎是上天特別派來的使者，來給我啟示的。我多年百思不解的問題，如同撥雲見日，眼前突然豁然開朗，謎團終於被我解開了！

若要不老　還精補腦

他們的到訪使得我開始潛心去研究關於道家的「房中術」和「還精補腦」對於防衰的機理，古人在這方面的學說，竟然非常豐富。達二百餘卷的記載中，包括：《天老雜子陰道》二十五卷、《黃帝三王養陽方》二十卷，三房三家，內房有子方十七卷……

總的一個原則，所有考究都認為共有七損八益。這裡先講性的抗衰法則——八益：

一在順陰陽之和。

二在順性命之真。

三在戒淫以全精。

四在戒術以補虧。

五在不漏以保精。

六在服氣以宜神。

七在還精以補腦。

八在接續命以返老還童。

這也是以「性」養性延年的八大方術。

第七章

給孩子們健康的身心靈

為人母，對於我，是「火上的試煉」。女兒白雁患先天性心臟病，最終憑著母愛，治好了她。因有她，促使我開始研究自然療法對兒童健康的效用、大腦智慧潛能的開發，發現了少年練功，會產生若干不可思議的神奇反應。

為人母的試煉

上天安排　牛郎織女

恢復了青春，忙於事業，周邊同齡人大都成家了，父母著急託親拜友，相親了四十幾位，都沒合意的。

某日路過一照像館，面向鬧市的展示窗裡，一個英姿颯爽的帥哥，幾幅大照片擺在那裡，吸引著路人的眼光。我也駐足觀看，那帥氣如電影明星、那正氣散發著健美的陽剛，給我留下深刻印象。一週後，也許是心念所使，也許是上天巧妙牽紅線，他竟成為我心目中所要的白馬王子。

他帶我去見他父母，他父親是總工程師，兄弟五人，一門五傑，均是國家尖端高科技研究人員。一個陽光明媚的週末，我倆正在公園走路，迎面被外國的新聞攝影大隊看中，帥哥被訪問，幾台攝影機拍攝我倆，在公園引起大批人群圍觀。這是自從我青春失而復得的最美好的記憶。

當時並不知道，他所任職的高端國防機密機構，必須要對我的

家庭進行政治審查通過，才允許結婚。經歷一年十個月的等待，他手臂打著石膏，拿著准婚證回來了，卻開演了牛郎織女的生活。婚禮中介紹人夏大夫誇讚新郎，是「黃金五大員」（外表如演員，體健運動員，高級科研員，家中服務員，聰明知方圓），感謝上天賜給我們令人羨慕的、完美的幸福！

生離的磨難

作為一個女人，懷孕生產是一生中最值紀念和寶貴的時刻。婚後第三個月懷孕了，但喜悅還來不及，一批航太尖端高科技人員集中某地，先生離家前往。懷孕的我，也因是知識份子，下放另一地勞動。

艱苦的年代，親人離散的無奈抽打著心。生活中，不允許吃魚肉蛋，造成嚴重貧血，以至胎兒嚴重營養不良。

春分日，順產一女，月子期間，先生不在身邊。女兒體弱，每夜咳嗽不止，發高燒。產假已過，又要繼續去勞動。

又要拋下嗷嗷待哺的嬰兒，骨肉分離！只有打退奶針，造成小寶貝嘔吐狂噴、腹瀉、高燒不退、住院搶救。七天的撕心裂肺，白天守在小兒科病房外隔窗探望，無心吃喝，晚上不忍離開，裹一條被子坐在停屍房水泥地上。

一週下來，待抱她出院回娘家時，母親驚叫：「你怎麼這樣子了呢？至少老了十年呀！」照鏡一看，自己也嚇一跳，產後的磨難，使我再次跌入衰老的快車道，全身虛腫，面黃髮枯，滄桑面容，如五十多歲老婦。

一家三口，被分離三處，女兒直到會走路時，見到我回家，才興奮地跑去告訴小夥伴：「我也有媽媽了！」

做智慧的家長

少年得治

既為人母，就必被試煉，絕不可以讓孩子遭受病苦。這是人生的功課，一定要交出漂亮的考卷。

病弱的女兒心律有雜音，經醫院診斷是先天性心臟病（心室間隔缺損）。深夜咳得嚴重，只有抱在懷中才得緩解。為此，曾有一年的時間，是坐著睡的。天下做父母的最大責任，除了教育他德才兼備，更重要的是給後代一個健康的身體和美好的心靈。

於是，我們做了兩個決定：

第一、心室的缺損部分，一定要在八歲之前長好。

第二、這八年期間，不再生育，專心照顧她一人。

無論如何也要全力以赴醫好她，我的青少年遭遇絕不能在她身上重演。況且她將來還要生育，為人母呢！

回憶起我最愛的三表姐，患有心臟病，在生育頭胎前，醫院曾叮囑最好停孕，男方家長是天津有名的銀行老董，不以為然，在一

大一小的選擇中，婆婆堅持要孩子，結果心臟無力負荷，美麗的表姐，僅二十五歲死在了產房。

這類小兒心臟病每千人就有十二例，一定要在成年前治癒。

怎樣就治好了她？

我的手段奏效了。主要手段有三：

第一、從白雁幼兒時起，每晚睡前一定給她沐浴後用「氣」撫摩及後背點穴，一開始她會痛得大哭，後來就主動躺在大人懷中了。先將雙手互搓致熱生電（氣），幾分鐘，小兒便昏沉入睡。嬰幼兒的穴道與成人不同，按摩手法也不同。小兒的手心就是一個八卦全息圖，白天只要有時間，就按揉一遍。尤其是中指和小指，通心包經和心經，要給她常常做手指操。

第二、平日加以中草藥雞湯。保證高蛋白但利尿的食物，保證大便粗順。

第三、陪她練疏通經脈的「童子功」，並養成一日一功的習慣。

開發大腦智力潛能

至女兒九歲，她的「心室缺損」已經成長完好，經醫院檢查完全正常。體質比先天營養充足的孩子還要健康，到青春期，越發美麗出眾，雖高齡晚婚，仍順產生育四子。

我開發她的大腦潛能，教她如何「耳朵認字」，如何「意念傳導」，如何「超強記憶」英語單詞和範文，如何「相面看病」……

我教她「益智功」、「明目功」，因為眼睛視力完美，她還成了小老師，教同學們保養視力。

我帶她去嶗山探望恩師，用尊師重道的行動讓她看著，甚麼是「一日為師，終身為父」。

　　我組織全國會議時，帶她去參加。她的耳目看到三百位全國代表，高手雲集，八仙過海，各顯神通。自己也被稱為小明星，大大增長了她的自信心。

　　她明白了媽媽的重擔和偉大抱負，心靈裡注入了「天命」兩字。讓她自幼掌握了大雁功一百二十八式，德智體全面發展。

海闊天空任鳥飛

　　在美國，我帶她一起從容地感受生命的價值，感受到周圍人對媽咪的需要和尊重，讓她在我艱辛的現實中受教，她看到了我的辛苦，開始也認識到自己的天命。在世界三十多國教學中，真的「勝讀萬卷書」，她眼界開闊了，自信心滿滿了，不僅僅參與教學，我還給她承擔、給她權利傳承、讓她在大風大浪中成長。

　　〔白雁註：母親告訴我：「忍得苦中苦，方為人上人。每當認為你在吃苦受累時，要咬緊牙關，將困難視為為試煉，因為，「響鼓需要重錘敲」，所有成功的人，都是經大浪淘沙才出現的。母親的話，真是金口玉言，在我的四次孕期和哺乳中，從來沒有放棄教學，想到媽媽懷我時那麼辛苦，我帶孕授課又算甚麼苦呢？正因如此，我守住了道，守住了傳承。〕

創造「出生的傳奇」

元氣寶貝——天生的優勢

我創造了一個全新的名詞，叫做「元氣寶貝」。人的生命是因為元氣充盈而成，黃帝內經謂：「氣者，人之根也。氣聚則生。」所以，元氣的多寡及品質，決定著出生兒的健康，乃至一生。

我的方法創造了人類歷史自然受孕的傳奇，不用針藥，以調和氣血和改善子宮環境著手，令健康的子宮和增加精子而得孕，並誕下新生命。幾十年以來，我們的元氣寶貝群，包涵三種小朋友：

其一、父母多年不孕症，或習慣性流產，或多次人工受孕失敗者，因見到我之後而懷孕產子。

其二、自幼或青少年隨父母來課堂接受健康教育。

其三、母親在產前孕期練功而誕生的寶寶。

到了美國，才知道有一種現代文明病很普遍：不孕症。但是，因為練我的功法或接受我的能量而懷孕生子的，不斷有驚喜傳來，令我大為振奮，才知我的回春秘術不僅提升男女性功能，還對促進

精卵的結合有協調助力。僅在我的隨身助教中，多年被判不育，在課堂服務後懷孕產子者，比比皆是。台灣證管會羅主管，五十歲仍無子，向我說出迫切希望。幾月之後，他打電話到美國，讓我安排生辰及名字，遵從我安排於九月五日上午九點五分喜得貴子！夫妻倆身高一五五至一六〇公分，元氣寶貝卻高一八一公分。這樣的奇蹟不勝枚舉。

第一個孫女的試煉

人一生要經歷很多的試煉，為人女、為人妻，為人母，為人祖母，每一階段都必將承擔責任和面對抉擇的試煉。女兒白雁懷頭胎時，已屬於高齡初孕，產前四個月，澳洲醫院兩位主治醫生協商檢查後通知，要她做羊水穿刺。

那一天從醫院回家的路上，我對女兒說：你若相信媽媽的話，我給你三條意見：

第一、穿刺與否，你可聽醫生建議；但是我認為我們這輩子積功德救了無數小天使，我盼來的第一個孫子，相信必定是上天送來的更完美的小天使。

第二、我的特異功能讓我知道，這個孩子絕不可能殘疾，無需擔心。

第三、只要你堅持每天練功至生產那一天，這個寶貝就是元氣寶貝，將來必優異於一般小孩子。

女兒乖乖地相信我，一天不停，臨產前晚上還在練功，幾小時後，一聲不叫喊地順產健康寶貝。

這個小孫女娜娜是白雁的第一個元氣寶貝。這個寶貝聰明超群，品學兼優，才華洋溢，一直是學霸，去年被選至加拿大參加全

球高中最優生會議，她是澳洲名校被推舉的兩位中的一位，也是僅有的一位華人。

小孫女自幼的神奇事

在六個月時，她健康可愛，教堂教友爭著抱她。但只要對方感冒或有病（癌症、肝病），她便用小手把病患的頭禮貌地轉向一邊，代表：「你有病了！我不喜歡！不要你的呼吸對著我！」大家都覺得很神奇，更願意搶著抱她玩，未被小娜拒絕者，說明無病而十分得意。

如果家長在修煉，孩子是會有感應的，會自動摻合進來，他們不是在搗亂，而是陶醉在父母產生的氣場中，常會暈暈地前俯後仰，如醉酒一般，因為感覺特別舒服。小娜一周歲的時候，剛會走路，只要她的爸爸一練功，她必定會跑過去，鑽到他的兩腿之下，兩隻小手抱著爸爸的大腿，閉上眼睛，很快就迷迷糊糊的站不住了，每天如此，可以見得，她一定是感應到氣的舒服吧。

娜娜兩歲時，每當爸爸回家，她聽到門鈴聲就會跑去開門，擁抱爸爸。但是，只要爸爸從課堂教學回來，她轉身就躲，一面跑開一面掩面大聲叫道：爸爸好髒啊！

四歲時開始，她喜歡週末與爸爸到公園去團練，因為得到誇讚，便自以小老師為榮了。

健康起跑，從兒時起

頭腦單純，效果最直接

我最高興幫助的人群是青少年，因為他們的人生路還很長，我希望他們，不要成為家長的負擔，而因德智體健康成長，成為家庭的助力和成就。青少年族頭腦單純，效果也最直接。他們的小心靈最真實的，他們不會產生負面思考，更不會做分析，是真的假的？

普遍的效果

每一個班級都必定會有幾個小孩子，他們是父母帶來的，因為父母學習後認為真的好，就把自己最疼愛的人帶來。往往是一家大小，同時進入課程。孩子們的家長負責監督孩子的變化，它們的普遍報告有幾點如下：

一、腦力增強，學業成績大有提高。因為練功兒童的智力得到了大開發，所以記憶力大大增強。這對於青少年學生是非常明顯

的。

有些家長反映，孩子的漢字突然寫得特別好，是不是看了大師的板書？老師以為他在做假，以為是家長替他寫的呢，學習成績突然的能夠提高二十分，是常有的事情，幾乎大多考入名校。

二、性格改變。一些焦躁好動的兒童，明顯的變得心情平穩，性格開朗快樂。與家長的互動關係也變得比較好。大部分家長都會感覺到孩子突然有大變化，變得很乖，自制能力增強了。中歐學院的陳群帶她七歲的兒子到美國來找我。七天之後回到家，孩子的父親發現孩子好像變了另外一個人。本來調皮難以管教的兒子，到家以後夜裡還在讀書。讓父親感覺驚訝萬分，這是甚麼神人？變了甚麼法術？讓孩子變得如此懂事？兒子竟然趁此對爸爸說：你每天工作太累了，你正應該去向大師學習！

三、食慾正常。由於學校的壓力比較大，一些先天比較脆弱的小孩子，有挑食的習慣，練功後，新陳代謝旺盛，食慾顯著增加。所以，體力增加，活力旺盛，不再整天愁眉苦臉喊累了。

四、身體素質顯著增強。大部分的過敏體質和容易感冒的體質，都得到了徹底的糾正。免疫力提高了，一般的常見的多發性感冒、消化系統、呼吸系統疾病、少女痛經等等，這些都好像好久不見了。家長們漸漸發現，孩子身體抵抗力增加了，幼稚園學校流感，只有自己孩子沒有事。

五、青少年練功，保障一生健康。如果在二至十六歲之間練功，可以稱作「童子功」，是人一生的黃金打基礎階段，如果建立了童子功的功底，一生的健康就有了保障。

見證：自二十四年前我兒脊椎側彎被扶正　　　高哲文

親愛的高雲恩師，您好：

今天記述我二十四年前帶四歲和六歲女兒去見您，給我一家三口的重生，表達我對恩師您的一份感恩與想念，更想讓您知道您給我帶來的一系列改變，既神奇又真實。

二十四年前，為了六歲孩子的脊椎側彎無助，其實當時自己的身體狀況也是極差，佛經上說死亡是人體的風、火、水、地四大崩解，真的深有此感。

我生完孩子之後由於忙碌無法休養，僅僅一個多月就不再有奶水，而且全身極速消瘦，不光是瘦到皮包骨，甚至連骨頭都萎縮了。全身不分季節地不停冒汗，衣服是從內濕到外還滴到地上，睡覺時連床單、棉被都濕透，整個人非常怕冷，那種冰寒是從骨頭透出來的。我全年都穿著長袖長褲還加外套、戴帽子，全身包得緊緊的，卻擋不住不知何處來的風穿透全身，視力模糊，全身沒有力氣，甚至連要幫孩子泡奶粉都感覺奶瓶彷彿有千斤重。想著自己來日無多，我四處探尋可以不要讓孩子開刀的方法。

一開始發現孩子有脊椎側彎，我就帶他去看當時最有名的小兒骨科——馬偕醫院，醫生說這沒得治，就等孩子大一些骨骼定型後開刀治療，接著就穿著鐵衣復健，再根據復健的狀況來看鐵衣要穿多久，當然也可能是一輩子的事。我深覺不妥，當時在友人的介紹下做過針灸、喝中藥調理等卻依然沒有起色，後經友人介紹，我帶孩子去傳統骨科整脊，每天都去，持續了九個多月，卻收效甚微。

憂心絕望時，娘家的妹妹與表妹介紹了我有名的高雲大

師。就這樣帶著當年六歲多的大女兒來報名大雁功，承蒙白雁老師的慈悲救治，僅僅三堂課大女兒的脊椎就正了，當時內心激動、感恩、欣喜萬分，實在筆墨難以形容，而且直到大雁功學完都沒有再歪回去。等到大雁功再度開課，我趕緊幫四歲的小女兒報名，我們母女三人自此跟隨著白雁老師、高雲大師，恩師永不忘。

這可能是大家耳熟能詳的神奇故事，但練功這些年，其實，奇蹟的發生還很多。萬字也寫不完。（身體能量為我全身整骨，將龍骨、盤骨，重建結構的記實，請您見另篇心得報告。）

遇到您，是上天的恩賜，是生命中的珍貴機緣。練著練著，一晃二十四年過去了，我延緩衰老，重獲新生。覺得每天都是受著老師的恩惠，感受老師們的慈悲大愛。面對生活中的試煉，所有的委屈與怨恨，都慢慢的放下；過去病苦無依、力不從心的無奈也逐漸淡去。因為老師，我們母女能從生命的幽谷中爬升，有生之年，我們都會持續追隨老師，並且在能力範圍內多做些對社會人群的貢獻，如此不枉老師的救命再造之恩。

感恩、感謝，千言萬語都無法表達對老師的感恩、想念與掛記。二十四年師生情深似海。向您報告，當初那個脊椎側彎無治的六歲孩子，馬上要結婚了！您一直愛著我們每一個學員，今天告訴您這個喜訊，想必能讓您開心吧！

祝福　高雲老師

平安健康、青春永駐、喜樂圓滿！

見證：兒女學業突飛猛進　　　　　　　　　　高中教師　潘信惠

在一個偶然的機會下，聽同事談到神奇的高雲大師，心想：先生和兒女很少運動，不如讓他們去學，然若我不跟著去，他們定不可能去，終於在強烈反對聲中，全家被我半強迫半哄騙的去上課了。

第一堂課兒子就出奇蹟了

第一節課回來走到巷子口，就聽兒子非常大聲的打了十幾分鐘的嗝，大家一直笑。第二天他放學回來很高興的跟我說：平常在學校第一、二節課都會打瞌睡，而今天只是有睡意並沒打瞌睡。聽了真是高興。以後兒子不但在學校不打瞌睡，連晚上唸書精神也好很多。第二節課老師發氣，我們都感受到了，兒子當場流了一攤汗水在地上，且咳得相當厲害。第二天起來，竟然沒聽見他那每日必有的咳嗽聲，當晚近十二點，兒子突然興奮的跑來對我說：「媽！下一期我還要學啊！」原來他睡前練功氣動了，覺得很舒暢、很有趣。以後他每天提早十分鐘起床練完後上學，晚上亦睡前練功再就寢，慢慢的人積極開朗了，不再像以前那麼焦慮、放不開，精神、氣色也好很多。

女兒也變了

女兒在練功一週後很高興的對我說：「媽！我會氣動了。」以後她也是早晚練。然在如火如荼的考前衝刺中，女兒一直保持著開朗祥和的心情，每天笑容滿面，不管功課再多，即使忙到深夜兩點，第二天精神依然抖擻，這是我當

了近二十年老師，看過無數學生中，所從沒見過的，看她如此守份、認真，我除了深感安慰之外，更多了幾分心疼。女兒常跟我說：「有氣真好，它可以告訴我許多身體的信息，且我跟哥哥商量好了，等我們上大學就去幫老師當義工，以後到美國留學再去美國幫高老師的忙。」多純真可愛的兒女啊！

中科院的先生腰圍變小

當初反對最甚的是我先生，然他在第二節課感受到「氣」後，興趣也來了。後來練到氣很強就開玩笑說：「以前氣動都是假的，現在氣在腹內前後翻滾才是真的。」他會氣動我們的確驚訝，因他是中科院國家科技人員，做任何事一板一眼，動作也甚笨拙，但卻很認真，看他每天堅持的練，腰圍愈小、臉色愈紅潤，也蠻安慰的。

我十七年的牙根疼神奇消失

我也是上第二節課就開始真氣發動，每一練，平常有毛病的地方就動，一週後身體顯著的改變，平常痠痛的地方好轉了，腿不痠了，能穿高跟鞋上班了，以前咳嗽會有輕微的滲尿也不見了，腹部縮小了，種種跡象鼓勵我持之以恆的練。到七月底有一天，突然覺得在十七年前摔斷一截的牙齒吃東西時痠得受不了，去公保看牙科，醫生說過兩天轉診到台大把神經抽掉，那天午睡靈機一動，練靜功把氣放在那顆牙齒上，覺得有點痠痠的，吃晚餐時我非常驚訝的說：「兒子！我的牙齒可以吃飯了！」為了實驗我打算慢一星期再去抽神經，因此每天練抖濁功時，就把意念停

在牙齒上，連幾顆有牙周病的臼齒也痠痠的，一星期後一切改善了，神經也不用抽了，幾星期後連常患的牙齦發炎也不再有了，連萎縮的牙肉也長出來了，醫生說我沒牙周病了。因此九月老師再來時我和先生又參加中級班，兒女參加大雁功，一個多月下來我確實體會老師的「回春」妙招，身體真是——該大的大、該小的小，臉上黑斑少了，皮膚也光滑了許多，很多人問我最近用了甚麼化妝品？真是妙！

大師功法之妙，只有親身體會的人才知箇中滋味，每見家人認真的練，興奮的討論成果就倍感欣慰，至少大家每天都運動了，且家人多了一個話題，更得意的是讓兒女從小就學會了一種保健之道，這對他們必定終身受用無窮。這是我對兒女做的最值得的一件事。

第八章

天降大任

人生的歷煉確實是老天賜予的一件禮物。我一生當中，每當我發一個大的善念，就會瞬間得到無限的能量，並不斷地出現不可思議的奇蹟；每當最需要的時候，就會出現貴人相助，其中包括了幾位身居要職及地位顯赫的人物的支持。

天命在身

搶救中華絕學為己任

幾年後，我的兩位恩師境遇發生了變化。因為眾所周知的「大革命」，老中醫的家被抄了，他家裡的古書一部分線裝版本被視為四舊燒掉了！師父匡道長也只有脫下道袍下山還俗從醫。

中華寶貴的養生文化，救了我的生命，挽回我的健康，不該就這樣被塗炭了。佛、道、儒家的千年文化智慧、千年絕學應該傳承下去。回憶當年我在苦難的時光，因自我修煉，全身病痛不藥而癒，令我堅定的認為，選擇助人自行修煉保身，已是我不再回頭的唯一路途。大環境激起我「凌雲壯志」，於是我苦修經典、尋訪高人，自己努力修行，發掘出更多人體生命的奧秘，更加燃起我承擔歷史使命的信心。

上天既然讓我不易地來到這世上，又令我的青少年時代遭到磨難，到如今，必將有人要站出來，聽從上天的安排，就是所謂的「天命加身」。

我的靈魂深處發出的吶喊——「文化的復興與傳承」！就是天命在身的迴響。當我的「魂神意魄志」與宇宙頻率共振，那麼我們就會發現很多奇妙的事情，能夠接收到來自另外空間的，並且有連結，才知道自己是有使命，有來頭的。

吸引力法則

心主神明，其意至深。「吸引力法則」告訴我一件真理：「你相信甚麼，就會感召甚麼」，所以，命好命壞，全在一顆心，不過在一轉念之間。

我奔波於尋找隱居的民間高人、名家，學習並帶動他們，為大眾健康作貢獻。

人未到中年，著書和發表百萬字，以醫學角度呼籲開發自我潛能和宣講人體自我療法。目的是為大眾醫療和健康現狀吶喊！希望全人類都知道一個事實，那就是：在古時候的缺醫少藥的年代，中華民族有寶貴的自我養生的方法，能夠強身健體、祛病回春、延年益壽，並且有自我康復的有效手段。

與此同時，我悉心研究如何將古老的枯燥乏味的舊式打坐呼吸法，改變為符合忙碌現代人的智慧養生新法。舉世多貧苦病患，若傳諸於世，當可救苦眾生，何樂不為？

靈魂人物的理念

站在這個歷史大風潮中心的，有很多科學界醫學界最頂尖的權威。他們是我最尊重的人，也是曾經給予我最大關懷和鼓勵的人。

我們的「人體生命科學研究會」主要核心人物是中科院院長錢

任全國「人體生命科學」大會組織者，正中間主席位置為高雲。

天命在身

學森、中國中醫界最權威的首屆中醫局局長呂炳奎、國防科工委主任張震寰、當時全國政協副主席並中國科學院力學研究所所長錢偉長院長。

世界著名科學家、被稱為萬能科學家的錢偉長校長曾對我說：「任何事物的存在就一定有它的道理，它能夠存在久，就一定有存在久的道理。中醫和氣功還有特異功能都是如此。」

「今天我們所不懂的東西，比懂得的東西要多得多。在人類社會中，未知世界遠遠地超出已知世界。」他又說：「你要研究氣功的防病治病的道理，哪些是直接引起來的？那些是間接引起來的？需要你們去研究和探索。」

他特別說：「天下沒有包醫百病的東西，也沒有萬能的東西。只有用實事求是的精神去探索，才能不成為迷信。」

因得到了多位中央級首長的賞識，我擔任了全國中醫學會、醫院雙手行針研究會、人體生命科學研究會、全國醫學氣功研究會等多種職務。

態度決定高度，格局決定定局。我也因為具有特殊能力，被社會認可和重視。可以說，當時因著我有不同於凡人的功能，和醫學及道家養生的底蘊，被時代認可了我，同時時代造就了我，讓我成為那個大時代的先鋒人物。

中國的全民健身，從一九五五年的劉少奇主席，到國家副主席王震，以及黨、政、醫、軍、科界領袖人物、全國華僑聯合會主席等，無論身在何職，在尋求健康之路上，只有各人健康需求不同而已，都認同全民大健康可以帶動人類社會發展。

有這幾位長輩的重用，於是志向更明、理想更遠，眼界更開闊了，甘願承擔重任在肩。

得全國中醫泰斗賞識

宏揚國粹，至死不休

回首往日，事業成功，是命運和天命。但是，絕對離不開多位貴人的相助。

今天的追憶，必須念及一位「中醫司令」、中醫界人盡皆知的能人，中國中醫最高領導者和奠基人呂炳奎導師。我的作為和理念，首先獲得呂局長的賞識。他是中醫教育家，是一位不願看到中華民族文化瑰寶失落的人。他任職中華全國中醫學會會長期間，十分重視我，很多重要的活動會議都會帶我參加。

呂老曾因參加抗日戰爭，腿受重傷。他畢生奔波於拯救中醫，為中醫事業嘔心瀝血，他的名字已經和中醫融為一體了。

這位呂炳奎導師，中國中醫界無人不曉，他是中國中醫事業奠基人，一九五六年，他被任命為中央衛生部首任中醫司長，成了中醫界的帶頭人。

他創建中醫教師進修學院，把中醫學院畢業的學員培養為師

資，編寫出第一套中醫藥系統教材。這些人都是後來中醫界的精英名家。我就是由呂老推薦在該學院帶職進修中醫教師班，並獲得畢業證書。

他醫術高超，是中醫最高領導人，被同仁譽為「中醫司令」，當之無愧。

呂老主張中醫帶徒弟，重視民間神醫，更主張尋找祖傳秘傳的醫術和養生術。

為搶救中醫，呂老曾經給毛澤東主席、周恩來總理、胡錦濤、溫家寶總理寫下萬言書信，滲透著他搶救中醫國粹的心血。

這位老前輩，對我非常好。他百忙之中，永遠不吝給我支持和請教的時間。

要為華夏醫學揚眉吐氣

在他主掌中華全國中醫學會期間，他又將一重擔交於我，讓我兼職為中醫學會領導的中醫自然療法主導人。這是一份重任和信任，是站在風口浪尖的擔子。

呂老對我的支持和鼓勵，正如他為我的著作扉頁給我的題詞一樣：「風華常茂、元氣永存」。我奮力發掘中華養生文化遺產，並著書立說，以作傳承，於香港出版。

今天，看著那絕美的書法，滿載著讚賞和期望，不禁感慨萬千。

這位令我永遠懷念的中醫司令，一直關注我在世界各地的活動，他從黨報《參考消息》看到我在南北美洲傳揚中醫養生文化，得到外國人的讚美認同，非常興奮。他讚我：為華夏醫學揚眉吐氣！

風華長茂
元氣永存

高云同志留念

丙寅年夏 膠城 呂炳奎

前全國中醫最高領導人呂炳奎為我出版的書題詞。

得全國中醫泰斗賞識

讓西方認識中醫的系統觀

發揚中華文化，讓西方世界認識中醫的系統觀，強烈的使命感，讓我更加努力奮進，不能愧對中醫老前輩的厚望！

呂老享年九十歲，因他對中華醫學所做出的巨大貢獻，被授予「華夏醫學耀始祖之星」。這是至今為止中醫界唯一的榮耀，並為其在炎帝陵樹碑立傳。

這位中醫學的掌門人，給予我最大的支持和信任，給予我建功立業的理念。他「宏揚國粹，至死不休」的精神，影響了我的一生！

我與恩師之間，真的震撼是因為喚起靈魂深處的共鳴。

我永遠深深的感恩他、懷念他……

與舉世聞名的導彈之父
——錢學森

領袖人物的最大魅力，是神秘的力量和內涵的深邃。

中國航太之父，我們的領頭人

聞名國際的科學泰斗的高瞻遠矚，是我此一生眼前的指路明燈。

由中國原子彈之父錢學森領導的人體生命科學研究會成立了。這個史無前例的全民健身大風潮，有如雷霆萬鈞之勢，勢不可擋。

錢老說：「中醫、氣功、人體特異功能三者結合起來，是打開人類生命奧秘的視窗。」這句話是我半世紀以來努力的方向。

錢老對我非常看好並寄以厚望。他曾經笑容滿面的對我說：「你很全面，希望寄託在你這種年輕人身上，就看你們的了！」

一九三六年錢學森在麻省理工學院獲碩士學位。畢業後到加州理工學院選擇了當時最尖端的科學領域——高速空氣動力學攻讀博士學位。被美國教授譽為美國火箭領域中最偉大的天才、美國最年輕的終生教授。

作為聞名世界的高科技科學家，錢學森是幾代華人崇敬的典範。

錢學森至少令中國導彈技術進步了二十年，沒有錢學森就沒有今天中國的航空事業。他獲得中國自然科學一等獎、「兩彈一星」（原子彈、氫彈、衛星）功勳獎等。國家主席還給予了「中國航太之父」極高的評價。

二十一世紀新的科學革命是甚麼？

作為一名科學家，錢學森曾說：「搞『兩彈』這種工程項目是組織上的任務，並不是我的興趣所在，我的興趣是在學術領域，是在思想上的創新。」

一九八一年他在《自然雜誌》上發表了〈開展人體科學的基礎研究〉一文，認為「氣功、中醫理論和人體特異功能孕育著人體科學」，中醫優越於西醫的關鍵在於中醫的系統觀，並稱之為「二十一世紀新的科學革命」。

錢老熱衷於研究人體的特異功能。我們當時的工作是將異能奇人請到首長面前，嚴格安排，監控測試，攝影存證，進行科學研究。

纏足尖上見真功

今天的故事先從一張照片談起（見右頁）。

我們的態度是尊重有本領的人，加以研究，尊重功能，並扶助他們去救助更多的病患。

這張照片就是一次被錢學森接見的留念。我站在後排，左一、左二是我弟媳，也是醫務工作人員。前排都是鼎鼎大名的人物，有中醫司令呂炳奎、中國科學院院長錢學森。你一定會很好奇：坐

與中國導彈之父錢學森（前排中）接見民間高人，
前排左一是中醫司令呂炳奎，後排左一為高雲。

與舉世聞名的導彈之父──錢學森

在中間這位老太婆，到底是何方神聖？會有坐在大人物中間的地位呢？

照片中央的這一個老年婦女，她的名字叫做羅有名，從小在大山裡作為一方的醫生，以神奇的手法為鄉親們專門治療跌打損傷，她只是用手就可以感應關節錯位，正骨的手法更是神奇。

她是纏足的，用她纏足的小腳，一踮一蹬，很多病人抬著進來、走著出去。我們問她叫甚麼名字？她說一輩子沒有名字，現在有名了，那就叫羅有名吧。後來，在北京開了一間大醫院給她，培養了很多羅氏療法徒弟。中國的國家隊體育競賽隨隊醫生，不少人是她徒弟，為中國體育在國際騰飛貢獻良多。

是對人體生命科學的高瞻遠矚

當時有很多的民間高人的實驗，是在中國科學院、北京大學、海軍總部和國防科工委專家們的嚴密設計和監督下進行的。

當時錢學森多次給中宣部領導寫信，「我以黨性保證：人體特異功能是真的，不是假的；有作假的，有騙人的，但那不是人體特異功能。人體特異功能和氣功、中醫理論是密切相關的。」

錢學森發揮了他作為一代科學泰斗的影響力，他對中國人體科學的貢獻功不可沒。

與馮玉祥將軍之女
——馮理達

生命中第二位女性榜樣

說到在研究人體生命健康的貢獻，不得不提到另一位貴人，她就是馮玉祥將軍的女兒馮理達姐姐。她是在美國學免疫學的，當時任中國海軍總醫院的院長，是中國少有的免疫學領軍人物，中國免疫學研究會理事長。

這是我生命中遇到的第二位女性榜樣，她是我事業上的又一位貴人。

她是隨父親馮玉祥將軍，從美國回來報效祖國的。理達姐姐和他的先生羅元錚，待我如同親人，他開玩笑說：羅是我男友。女人就是要有女人味。美不美，不在容顏，完全在氣質。你有氣質，就美！

她一直把我當作親妹妹的愛護。常常請我去她家吃飯，暢談正在進展的生命科研成果。記得有一天晚上，我去馮院長家談事情，當晚瓢潑大雨，把附近的街道都淹了，水淹過膝，我奮力淌水過

去，一進門，悠揚的俄羅斯迎賓曲播放著，那是她夫婦在美國養成的習慣。

吃飯入座後，她迫不及待地告訴我：最近發現了一個六十天斷食的奇人，名字叫包桂文。

斷食六十天奇人殺死細菌

我感覺到非常不可思議，這太不符合常理了，怎麼可能？我一天不吃飯都不行。

她說想要研究他發放出來的能量，也就是常說的「發放外氣」，對於多種細菌生長的作用，以及對各種細菌生長的影響。她把詳細的實驗報告交到我手裡，我仔細一看：包括大腸桿菌，隨著實驗者意念的不同，殺傷的百分率從百分之四十四提升到百分之九十一，從高倍顯微鏡底下看到，細菌顯然出現腫脹、破損、破裂的現象。對痢疾桿菌殺傷率更達到百分之六十六到百分之九十八。

外氣不但是對細菌有殺傷力的作用，她也研究了外氣對於細菌的增長作用。譬如研究對大腸桿菌的增長率增長了百分之六點九倍。

葡萄球菌、綠膿桿菌變化了！

還有研究用不同的施氣手段，對白色葡萄球菌和金黃色葡萄球菌殺傷的情況。

實驗證明，金黃色葡萄球菌和白色葡萄球菌在接受發功一分鐘之後，殺傷率為百分之八十一。

她還研究了對綠膿桿菌、色素代謝、醣代謝作用的觀察。

這個綠膿桿菌，是一種在人體抵抗力減弱的時候，或者是其他

與馮玉祥將軍女兒海軍總醫院馮院長（左）及陝西省省長（右）
於全國會議座談會中。

　與馮玉祥將軍之女──馮理達

的外因感染的時候，非常容易引起腸道的疾病。但是它對於一般的抗生素不敏感，而且非常容易產生抗藥性，所以這為西醫的治療產生了一定的困難。因此研究「氣」對於綠膿桿菌的生長作用，是非常必要的。

馮院長每做一項研究報告，都十分的嚴謹，她在一個醫院做成功了，還不放心，還將實驗結果拿去三〇一總醫院和鐵道部醫院去做反覆的驗證，驗證結果一樣才做發表。

殺滅癌細胞？完全有可能

馮院長非常喜歡和我分享研究的成果，馮姐姐跟我說：你先保密，我現在正在和這位包老師合作，研究用意念作用是否可以將癌細胞殺死？是否可以用意念將好的吞噬細胞救活。我聽了，非常振奮，如同打了強心針，看來，在意念力與細胞之間，在人體能量與癌的突變之間，我們的研究和探索還大有可為！

我告訴馮姐，近日我正在與《光明日報》社盧雲社長，對一位自稱可以以手掌測病的人作了兩次實驗，我們找到一位肝癌患者。昏暗中，該氣功師用手掌對準病患者的臍部發氣，我們當時很清楚地看到他手掌如同長了一層白苔，或者說是如同一層厚的浮動的白霧，這表明他發出的氣很強，但是，隨著時間過去，白霧漸漸散去，變成了微暗的綠色雲狀。他當即斷定該患者是癌症病人，結果與實際情況相符。在《光明日報》社的這兩次表演中，我們也看到了該氣功師頭頂部的「氣環」。

這位大報社長，也是一位充滿熱心推廣中華國粹的人物。於是，盧雲和高雲，攜手任主編，中華第一套養生叢書在上世紀八十年代於香港三聯書店推出了。

鼓勵到美國與西醫和大學合作

馮姐也願意和我一起探討新的研究課題，所以我們是非常親密的同好、知音、朋友，她的先生羅大哥（馮玉祥將軍秘書）對我也很好，每次都坐在一起相談甚歡。關於意念力對細胞的作用研究報告由馮理達院長總結，發表中外的論文就有數十篇。引起了國內外的重視。

當她知道我要去美國的消息，非常高興，請我到家吃飯做為送行，給我很大的鼓勵。她希望我到美國之後，要多與西方醫學科學研究機構和大學合作，走出一條完全不同的現代化的路來。

她說：我們傳揚中華文化，不能傳揚過去舊的東西，只有這樣做，才能夠把中華文化的精髓真正的發揚光大。

我敬佩她的作法，我覺得這才是作為一個醫學工作者，以科學驗證事物的態度；並不是一知半解的人，將自己所不了解的事情一竿子打死。有馮姐的建議和思路，我剛一到美國，就開始在西雅圖治療中心，開始了中西合作進行關於人體生物電的若干研究。

第九章

易經指路到美國

「絜靜精微」的易經，三大原則：變易、簡易、不易。世上的人和事，沒有一件事是不變的，所謂「無常」。易經的絜靜就是無論在任何情況下，心理情緒都會非常澄潔寧靜。

相識美國駐華大使夫人
——包柏漪

踏進美國駐華大使家

中美隔絕二十二年後第一個進入中國的美國駐華大使溫斯頓·洛德，僅四十八歲。她的妻子包柏漪是華人。洛德擔任美國駐華大使後，她跟隨丈夫在北京使館居住。

在北京朝陽區戒備森嚴的美國駐華大使館，我有幸得她邀請，在家中的客廳招待了我。她那時四十多歲，在洛德成為美國駐華大使以前，她曾五次以貴賓的身份回到中國大陸訪問。她與我前文所述的上海錦江國際酒店董事長董竹君婆婆家相識，因此知道我曾為幾位美國來賓用氣療病的事。

她很欣賞我，詢問一些中華傳統醫學方面的歷史和現狀。當時中國掀起了全民氣功健體風潮，我也闡述了我們正在以氣功做為研究人體生命科學的視窗，為古老文化帶來新的生命。她認真聽著，非常感興趣，想解除壓力和疲勞問題。我教了她回春防衰法。她問我說：「用氣治病是誰發明的？這個是智慧。」

我說：「這是老祖宗的智慧，智慧其實也是一種能量，而且是高級的、看不見的能量。這就是名人做事能成功的根本原因。」

談話氣氛非常開心和諧，她一點也沒有官夫人的架子，相當的平易近人。我講解了自己回春的經歷，教她一點練習的方法，表達了探索中華古老寶貴文化的抱負，也因此引起了她的共鳴。

中國版的《亂世佳人》──《春月》

於是，她送我一本她的著作，並且簽名留念。那是小說《春月》，我才知道她還是世界有名的女作家。

《春月》是一部描寫中國題材的小說，包柏漪以出生在蘇州一個封建專制家庭的女子為主線，描寫了一個老式家庭五代人的悲歡離合。故事從光緒五年起，時間跨度將近一個世紀，從一個側面反映了中國近代社會漫長歲月的動盪和變遷，堪稱為一幅歷史畫卷。

我很訝異，因為她告訴我，她是在上海出生，隨父母赴美時，只有八歲。

八歲的女孩何以了解中國那麼多？我實在是萬分地佩服。

包柏漪說：「我雖然在美國長大，但我還是一個中國人。美國的讀者不了解中國，思想方法、風俗習慣也不一樣。我描述中國人的生活是為了幫助他們了解中國。」

在洛德抵中國履任大使前，曾隨尼克森、基辛格和福特等美國政要多次訪華，作為洛德的夫人，她三十五歲便開始隨先生到中國大陸，在旅行中聽到了許多有關祖先的故事，看到了故鄉親人的生活。《春月》出版後，立即成為美國暢銷書之一。美國《出版家週刊》稱之為「中國的《亂世佳人》」。

洛德不只因妻子的緣故成為中國通，他在與基辛格會談前，周

在美國駐華大使館洛德大使府上，洛德夫人包柏漪（右），是世界著名的作家。

相識美國駐華大使夫人──包柏漪

恩來和美代表團成員一一握手，輪到洛德時，周恩來對洛德說：小伙子好年輕，我們還是半個親戚呢。我知道你的妻子是中國人，在寫小說，我願意讀到她的書，歡迎她回來訪問。洛德驚訝之餘連聲稱謝。

大使夫人給我的女兒訂了調

我們聊健康和如何解除疲勞的話題，也聊些家常。顯然，她把我當作朋友，以誠相待，每次聊起來，她都會談到許多她小時候成長的點點滴滴。因為她談及自己在小時候的成長，我便也談及關於我對女兒的教育方向。

我道出了我的苦惱：我家十口人，父母兄弟姐妹都在日本居住，我的先生在美國，只有我一人帶著女兒留守，因為擔任多份職務，十分勞累無助。女兒似乎開始了青春期，讓我感到十分徬徨。

當時她非常感性地跟我說：「依你這樣說來，這個孩子有特色，是優秀的，教育方法不重要，你只要決定了她的方向，你的女兒將來一定了不起，你現在不必擔心。」

有美國大使夫人給我的女兒訂了調，我對女兒的前程憂慮開始放鬆下來。之後若干年，每當在面對教育難題時，她的話常常會在耳邊響起，如今，也證實了她的話充滿智慧，如同她的人一樣。

相面算出第三次死劫

占卜就是算命。我也會觀相看命，因職業的關係，掌握了用特殊的方法觀疾，望而知之斷凶吉，全部是在修煉後增長的功能。但是，都是隨性隨心情，上天的訊息，利用我的口傳達而已。自己也不知為何要如此說，完全是出於靈感的神通，為了幫助人答疑解難而已。但也因閱人無數，一語道破，很多人稱我是「神準的高仙」，於是我不喜歡也不需要去算命。

少年時代，聽纏足的外婆講過許多關於算命的事情，其中我的外婆親身的經歷，據說算得精準。在我大姨才五歲的時候，一個算命師說我大姨會在十六歲死去，並且斷言我的母親是殘疾。若干年後，他所說的話完全應驗了，也讓我自年少時，對被人算命這種事產生了迴避和恐懼心理。

偶遇奇人，算出死劫

一次偶然的經歷，有人主動為我算命。

事情是這樣的，有一天我出差廣東，坐在火車上，對面坐一個長者笑咪咪的端詳著我，搭訕著說：我可不可以給你算命？

我立即強烈的反彈：謝謝你，我不需要。

他說：我覺得你不是一般人。

我故意反問：怎麼說？

他說：只是想告訴你，有個坎，在你四十歲那一年是壽命大限。

他特別強調說：那時候要特別留意喲！

聽了他的話，我當時內心偷笑，不以為然，因為我早已經過了四十，因為修煉的關係長得很年輕，在我四十多歲的時候，常常被誤認為只有二十多歲。

火車飛逝著，我閉上眼睛，避開對方的眼光，心中暗暗的想：我是誰呀，怎會上當受騙呢，但是我不得不想，這些年接觸的奇人奇事非常多，似乎都被我的磁場吸引，陸續地出現在我的身邊，我端詳他的面相，不是壞人相呀，還是想想看他為甚麼要這樣斷言？不想則已，一想還真嚇了一跳！

那年曾逃過一次死劫

原來我在四十歲生日之前的幾天，的確遭遇了一次滅頂之災，幾乎奪命。對方如此斷言，真令人驚歎！

我是冬天生日，還過幾天就要過生日了，山東兩位被我治過病的老人，帶著很多的禮物土產來感謝我，我送他們出門的時候，外面很寒冷，我穿上了羽絨大衣，體貼的女兒將羽絨帽給媽媽戴上，並為我拿來了一條方紗巾，並將我的整個頭包起來。

我堅持送兩位老人到公車站，看到他們身背行囊，心疼不忍，我停下來，恰好站在樓層的下面，執意要將老太太的包裹放在我的

肩上，突然，一個花盆從樓上猛然砸下來，直擊我的頭頂，頓時鮮血如噴井般，透過羽絨衣、透過紗巾，溫熱的鮮血流我滿臉，衣服立即染成了紅色，順著領尖及袖口滴淌……頭頂劇烈的痛楚，我感到一陣暈眩，當即抬起頭，看到了一個人從陽台躲進房門的身影。那正是曾兩次發起攻擊我的右傾觀念，並欲奪權的歧見者。

因禍得福　善惡有報

躲過了宿命中的這一劫，出院後數日仍臥床不起。頭頂十公分的傷口雖然慢慢癒合留疤，心靈受到的震撼和創傷，遠超過留下來的創傷。十多年來，衝鋒陷陣，多副重擔，困難重重，屢遭險阻，這條路如此辛苦，今後該怎樣走下去？下床後，我交出了全部職權，重回北京中醫學院研讀教師進修。

一生共躲過死劫三次，每一次卻因禍得福，命運再次發揮魔力，這一次竟決定了我以後到美國發展。

廣積善德，自有天祐。老祖宗的哲理不得不信。此事我不追究，凡大事上，上天助祐我，我到了美國後，那人在五十歲突患腦癌，臨終頭疼俱裂而亡。從這件事看，老祖宗的「上天有眼」就是命理學。先人說：一命二運三風水四積德五讀書，從我經歷三次死劫來看，其中大有哲理！易經占卜，有它的神秘存在的道理！其中的奧妙我要更加努力研究探索。

後來，在人生的重要關口，易經占卜又為我神準地指了一條路，令人不勝唏噓！

易經指路，心想事成

仙人食氣術——六十天不食

我和馮理達院長被陝西省省長邀請到西安。我與馮姐姐說：我們邀請包桂文大師一起去如何？

我們一起登上了開往西安的火車。包廂裡，只有我和馮姐、姐夫、包師父四人。狹小的空間裡，我仔細觀察包師父，六十天斷食，為甚麼看不出他任何軟弱的痕跡？為了和他同行，我已經查了很多古代人斷食的記載，知道他的行為叫做「辟穀術」，就是斷食躲避五穀雜糧，只有飲水。所謂的「真人食氣」術。

面對六十天不食奇人，我忍不住地心中暗暗的想：

他是練甚麼門派可以「食氣」呢？達到這個功夫，是所說的「仙人食氣」嗎？

他的修煉是否像唐宋時的丹道祖師陳摶？

他們這樣做要使自己的物質意識全部停止，然後讓活力本源離開物質軀殼？如此的功夫能使身心靈達到甚麼樣的境界呢？

易經算命超神奇

包師父很安靜，很少開口講話，他默默的在看書。

我湊過去，問：你看甚麼書啊？

他不抬頭，說：《易經》。占卜用的。於是，我懇請包師父為我算一卦。他抿著嘴微笑著，當時給了我幾粒東西，讓我在手中搖，他吩咐說：你一面搖著，一面想你心中所求的事。

當時我不以為然，他打開易經，手指著四句話，說是寫給我的。這四句話如雷貫耳，終生不忘！

上面寫道：「三箭開雲路，心想指日成，往日傷心事，翻作笑歌聲。」

三箭開雲路，赴美指日成

我這一生永遠記住這四句話。原因是：幾天後回京，所發生的奇蹟讓我驚呆了！我竟然被通知去拿到美國的簽證，美國西雅圖自然療法中心邀請我以專家身份赴美。從此以後，我對《易經》運用崇拜得五體投地！

手執簽證，這四句話的文字足足在腦海迴盪幾天，反覆咀嚼每一個字，都是神乎其神的準確、恰當。為甚麼說是三箭開雲路呢？「雲」，乃是我的名字呀。這就是天意啊。這副卦，左右開弓或向前的路都為高雲開，如箭在弦，開弓沒有回頭箭，蓄勢待發，前程無量。妳所日思夜想的事，就要在十天內達成了，妳過去受的難和所遭遇的辛酸事，都會轉換為歡樂！易經太靈驗了！這是人生的命和運的奇蹟呀。我就按照易經所給的這一卦，在兩個月後，踏上了赴美國的行程。開始了人生新的旅程。

第十章

展示東方神奇　風靡美加

從那一天起，我的生命已經不再只屬於我自己，而是屬於整個世界。
我必須將我做的事，成為一門前所未有的學問，並以「學院式系
統教學」。美國人給了我高度，被美國四所高等學府邀請，登上講
台。成為美國大學開講「中醫氣化論」史上第一人。

亮相——
開創全新的一門學問

獨特的人生，在於他的獨創性，讓世界誕生了新的部分。

讓西方人從「未知」到「尊崇」

八十年代初，中美剛建交，我受邀到美國。當時的美國，西方人完全不屑也不懂中華文化的奧秘。

當我在歐美各地演講的時候，必須對所有的聽眾，先進行一番啟蒙的教育，他們所知道的，只有「放鬆訓練法」、「中國功夫」及「瑜伽」等。例如，有人將氣功譯為 Breathing Exercise，即呼吸鍛煉法的意思。這種譯法與氣功的真義不盡貼切，因為氣功本身並不是只講究深呼吸的鍛煉。

在德國，人們稱它 TM，英譯是 Transcendental Meditation，意思是「超覺靜坐」。在美國和加拿大等一些國家，有人稱它為 Biofeedback，意思是生物回授或生物反饋。還有一些西方國家稱它為 Psychoenergetic 或 Bio-energy，即「生命能量」或「心靈能」的意思。

我説：這是一門「人體能量科學」

走向世界第一步，就是把它做成學問，開始在國際講壇演講，教授整體養生學。開創一片全然不被理解的天地是非常艱難的。他們的生命當中，以往只知道有病吃藥和看醫生，還不知道有這種從根本上改善自身能量的「人體能量科學」。

如果按照中國傳統的說法和練法，西方人是不可能接受的。因為這對他們來說，是既古老神秘，又全新的領域。讓他們完全接受看不見又摸不到的氣，實在是需要有相當的功力。東方古老的養生文化，若要西方人認同、接受，從全然不知，到喜歡並尊崇，作為開創者，面臨巨大的艱難和考驗。

我必須將我做的事，成為一門前所未有的學問。我知道，當我的出現，必須以科學的態度，以理論的論證，以方法的絕妙，以效果的驗證，才能夠讓西方人認可、相信和佩服。課程分成循序漸進六段，從打通經絡調和氣血開始，到高級的開發潛能。美國人樂此不疲。他們稱讚説：「這是不用針灸的中醫經絡學，我們喜歡！」我以三大前所未有的手段展示東方人的能量。

三大手段前無古人，後無來者。

第一手段：開發你的正能量——給你疲弱的機體加油

我必須將古老的所謂「靜坐氣功」徹底改變，成為一種既帶有古老文化色彩的又適合現代人的全新的方法，成為新興的一門科學。

我必須以醫學和科學的觀點向他們闡明，我講的是「人體能量學」。我的方法就是幫助你增強正能量。

我告訴西方人，在我們的身體裡面，有一種能量叫做（Bio-energy），它代表著生命的活力和健康的品質。

我講道：宇宙的本質是能量，意識是能量的最高級表現形式。所有的物質，都是由微小的振動波能所組成的。也就是說，在你周遭一切的物體都存在著電磁光波，眼前的一切都是能量創造的。

人體也有生物電波，所以人體是個小宇宙，就是所謂的氣場。當形體變化並且能夠調動經絡的動作，就會使能量增強。所以，開發並增加你身體的正能量，就是我的第一個做法。

第二手段：將細胞有序化——給你堵塞的身體維修

我們每一個人都有一個身體，但是人至今對於自己還缺少「自知之明」，人體內有很多奧秘至今並沒有被揭示出來。怎樣祛病強身？甚麼方法能夠祛甚麼病？為甚麼能爆發出超人的力量和功能？人的智力為甚麼可以開發？可以延壽的道理何在？種種問題，都孕育著人體的奧秘。

雖然每個人體內蘊含著能量，但是有衰弱不足，堵塞不通，以邪壓正的情況，以致造成疾病。如果我能夠把你的能量變得「有序化」，讓它們使經絡暢通，就可以使病體改變。在健身房，因為光靠骨骼肌肉的屈伸，只不過是增力量，而我的手段才是聚集人能量的手段。如同一塊鐵，沒有甚麼能量，加工成了磁鐵後，就有了磁力了。人體的細胞排列得無序紊亂，就會有病。練氣就是使細胞排列有序化，就變成超級有能量。這種詮釋，西方人很高興接受，因此而受歡迎。他們稱讚說：這是不用針灸的中醫經絡學。

第三手段：掌心雷功夫——讓你自發疏通經脈的動作

　　然而他們還是不能接受「氣的存在」。所以，第三個做法：我就調動自己身體的氣血能量，出手發送給他們，此法在古代叫「佈氣」，在現代叫「發氣」。每當上課的時候，我所發出的氣可以穿透人群，使在場的人，無論站在會場的任何角落，都可以感受到。全體學員雙眼閉上，我發放出來的外氣，可以把他們的肢體打動，甚至自發地做出高難度的瑜伽動作。

　　洋人們身體不由自主地晃動、搖擺、跳躍、打拳、流淚、流汗……千姿百態，接著就陸續報告不可思議的身心疾病改變的效果。因為在他們的生命當中，以往只知道有病吃藥和看醫生，還不知道可以從根本上改善自身的能量品質。

　　西方人完全接受了我的觀點，我的這個中華運動形式的本質，得到他們的讚賞了。他們都非常高興接受我的理論，當接受了我，再融入中華醫學文化的元素，包括中醫的整體論、陰陽學說、能量轉換學說。他們就認為既神秘又有道理，也非常有興趣，他們對中華文化崇拜極了。因為在練習我的方法當中，體會到了能量的變化，也體會到了能量的流動，更感受到了身體改變的事實。

　　因此很快的在五年之內，我已經被邀請到了三十多個國家，傳播我們中華文化的這個理念。三十多個西方國家，認識中華養生文化，是從認識一位中國女性老師開始的。

　　我要讓世界明白，東方人的這種能量，它代表著動力，代表著活力，代表著生命力。

　　「氣」是變化無窮，是流動變幻的能量，可以改變體質，可以青春，可以讓人生光彩奪目。在此之前，沒有人能將「氣」這種玄虛又看不見東西講清楚，更沒有一人將其登上美國大學的講台，我做到了。

任美國東亞大學中醫學院教授——中西醫結合培訓課程結業。

亮相——開創全新的一門學問

報導：神秘女士渡洋來　風靡美國人　　　　《中報》記者 陳青

【本報訊】高雲女士有特異功能（ESP），能發氣於手掌，使他人受她的氣控制，並能用氣測病，因此，在中國頗具盛名。有「高半仙」之稱。

高雲的盛名被加拿大、日本、香港等地多次應邀講學。近日應美國加州州立大學勃克利分校「空間意念感傳中心」特邀高雲講學，自去年一月她從北京抵美後，她在西部自洛杉磯、金山灣區、西雅圖演講三十九場。由於效果甚佳，名氣不逕而走，尤其受美國人歡迎尊重。

她的學員中，有百分之七十五的人是被各種病痛纏身的人，其餘的人，雖然查不出甚麼病，但亦是甚感疲倦，精力腦力不足，緊張壓力不能消除。自從向高老師學習五次課程後，由於在課堂上接受高雲所發放出來的能量（包括氣和血的生命能量及靈氣），有的病痛當場當天即消除，如：Dr. Harris 的鼻敏感，當天晚上即癒，至今八個月未復發；方遇喜女士的高血壓，三天內即消除。她的學生生動地介紹自己怎樣擺脫各種身體不適及出現意想不到的奇蹟。其中更有腰圍縮小，體減二十五磅，臉型改變，回春、皺紋、老人斑消除、白髮轉黑、脫髮重生等生動實例。從高雲教課現場錄音帶中可以見到，美國白人們，在高雲手掌氣的遙控下，身體不由自主扭擺搖動，千姿百態的奇妙情景，課後，個個感到神情氣爽，安寧清舒，壓力疲勞消除，不由得不為中國文化折服。

發放自身能量使學員經脈疏通。

醫無國界

西醫對高雲法術進行科學研究

上世紀八十年代初到美國，首先與西雅圖格蘭丁健康機構合作，期間我治療了很多久醫無效的疑難雜症，取得了令美國人驚訝的效果。

我致力推廣的健康管理課程，在國際上被稱為「整體健康法」。十四套功法和功理都由本人編創，各階段的難易雖有不同，但經過數十年的國際推廣，見證了他們最適合現代的人類，因而蔚為風潮。

這些自然健康療法，時間短至幾分鐘，見效快至立竿見影，氣感特強，並配以相應的美妙的音樂，讓人在享受之中，排除身體十大陰毒，調動七大免疫系統，因而練習者普遍獲得健康回春啓動正能量，借用了天地正能，就能在人生軌跡上活得輕鬆愉快健康不老。

很多科學家包括太空的 NASA 的幾位美國科學家，和 UC 的

心理學教授、美國加州心臟病醫學會等，也開始對我產生興趣和研究。

用西醫的臨床數據說話

我在西雅圖研究所期間，美國醫研人員應用現代醫學手段對我的「法術」進行研究，總結練功後三個月，確實有指標變化。主要變化如下：

一、腦部電波圖：練功者在監視之下，腦電波「有序化」程度隨練功時間而提高。

二、心理的改變：記憶力有改善，大腦緊張放鬆程度快速回復。

三、心血管系統：練功者的心腦血管系統，從疾病狀態得到了有效的恢復。例如高血壓患者血壓指數下降或完全恢復正常。

四、呼吸系統：練功者的肺活量明顯增加。

五、血液變化：血紅蛋白指數增加，血色素有提高。

因此，世界各國的學員和研究者，面對這些醫學數據，對中國這個養生術產生了極大的好奇和興趣，更深深的為其神奇效果著迷不已。

東西方醫學擦出美麗火花

毒素是衰老的罪魁，西方的垃圾食品令人類早衰了。

S形性感身材引發科研項目

從上世紀八十年代開始，我在一些國家進行了若干次以西醫驗證中醫的合作研究。

舉例一：於美國西雅圖格蘭丁治療中心進行。當時提出這個議題的格蘭丁博士，題目是「關於西方營養學與體重的關係的試驗」。他為甚麼請我作這樣的實驗呢？因為那一年我已經是中年人，四十六歲了，可是在他們所有的人眼中，我大概是只有不到三十歲，因為從皮膚、身材、精力、平坦的小腹、活力來講，都遠遠地年輕於實際的年齡，這在肥胖症患者甚多的美國人看來很有研究價值！

他們好奇地向我發出提問：究竟是用甚麼方法，使得自己能擁有這樣的性感身材？又這樣年輕的外貌？

美國醫生飲食不重養生

當時美國人的塑身法和減肥法，只有健身房，女性流行跳健身操，男生練肌肉。其實，緊緻的皮膚，是來自於內臟的年輕！我曾買了一年的會員卡，半年之後，我發現一些熟面客身材體重並沒有甚麼大變化。

我在研究所居住的那一段時間裡，我看到美國人的飲食實在是很可怕的，他們雖然是醫學研究專家，可是在我看來，他們每天攝入的飲食大有問題。

健康殺手——攝取過多糖份

例如糖的份量，大概有二、三十湯匙之多，這些糖的量是怎麼計算的呢？譬如他們吃飯的時候，順手拿起一罐可樂，一飲而盡，每一罐可樂裡面就有八湯匙的糖，再喝一些其他的飲料，每日幾杯咖啡，又有幾湯匙的糖，檸檬汁也是有很多的糖份，所以日積月累下來，每天不知不覺的攝入了大量的糖份，造成脂肪的堆積。

於是我對他們講，只要我們能夠有效的排出身體裡面多餘的脂肪，就能維持年輕的體形。而我的方法，就是絕對要讓腸道年輕，不允許過多脂肪在腸道裡堆積。

管理好進出口

我告訴他們：我有一個養生的秘訣，可以十幾天，最少一個星期，不吃飯，就是辟穀。要塑身減肥，先從我的食療養生做實驗。在上一章我講過，遇到六十天不吃飯的奇人包桂文，他用天眼及

易經為我算命，命運帶我到美國，因此十分佩服他，並效仿他的辟穀，我也可以達到二十一天斷食。

專家們不可思議

那些專家學者聽了各個睜大眼睛，表示不可思議，那麼他們要監督我，到底你是偷吃巧克力嗎？還是在偷吃甚麼？於是這一個合作的實驗就開始了，我們講好先從五天的斷食做起，但是我提出的一個要求是，你在這個實驗的過程中，不但可以監督，而且你們必須要測量我的排洩物，看裡面究竟都有甚麼樣的東西。

實驗開始了，他們發現我的精神在第三天之後，越來越好，大家在吃飯的時候，我看著他們吃的滿盤的美味魚肉漢堡及炸薯條，毫不動心，因為我知道我的理論和作法對維持我的健康是有益的，我也知道，這種研究對於今後我怎麼樣幫助更多的病人，是必要有科學加以驗證的。

健康的排毒——防腸道毒化

每一天他們驚訝的發現，五天未食，我仍然是有排洩物，這時我告訴他們，這是身體裡面的宿便，它若不排出就會造成我們腸裡面慢慢地毒化，所以我就是在對腸子作大掃除。他們好奇地研究，請護士去取了我的大便的成分，研究那裡面的究竟，當斷食之後排出了些甚麼？研究結果證明，我的方法在五天的斷食恢復之後的一至兩個星期裡面，從腸中排出的排洩物當中，脂肪遠遠地超過一般正常飲食人的脂肪，那脂肪堆起來好像一塊肥皂！

他們感覺到非常訝異了，也明白了造成腹部脂肪過多堆積的原

因，所以這一個實驗，對於今後指導我教授這個辟穀減肥、辟穀排毒是有直接的意義和幫助的。

上天預備的是有定量的

我悟出一個理論是，上天就給你預備了這麼多的食物，是有定量的，但是我們很多人不懂，他如同用刀叉在挖自己的墳墓，你不如慢慢地去享受，慢慢地去享用，科學的飲食，健康的排毒，就會使我們整個人的身體煥然一新。

這項實驗，給我的食療養生法得到了科學理論驗證，我編創了適合推廣於大眾的「辟穀療癒法」，於上世紀九十年代開始在美國傳授，救助無數因毒素致老致死的病患重獲新生。

腰圍越大，健康越差

我告訴他們：腰圍的大小，小腹的平凸，不僅僅是美觀與胖瘦問題，而是健康的尺度。男性腰圍不要超過九十厘米，女性不要超過八十二厘米。小腹大的女性，衰老及癌症的死亡率高出百分二十，旨因毒素堆積所致。

他們個個都超標，經我的實驗，開始警惕了。

與 UC Berkeley 心理學教授合作

芝加哥《太陽報》總編輯免開刀之苦

在美國加州柏克萊大學任教的 Dr. Hans 聽到了關於我的傳聞，就主動與西雅圖療癒協會聯絡，邀請我到舊金山，她組織並且主持了在柏克萊大學講堂的教學，她是聞名世界的心理學教授。後來，曾經困擾她多年的便秘，被我治好了，所以她極力主張心理學要和我的所謂「超心理學」結合的研究。

不久之後，她把這個消息告訴了老朋友，一位芝加哥《太陽報》的總編輯 Harry，已經七十四歲的 Harry 的心臟病很嚴重，由醫生訂下開刀的日子。教授打電話給他，讓他無論如何來加州柏克萊大學講堂的教學，跟一個神奇女老師高雲學習。半信半疑的 Harry 到了舊金山，第一次聽課的時候，他幾乎身體無法站立，並且稍微行動就喘氣。

一個月之後，沒想到的奇蹟發生了！當他回去芝加哥，女友發現他臉上的老人斑竟然都消失了，吃的藥物也減少了，醫生告訴他

在美國 UC 柏克萊大學演講會後留念,三位美國學者見證奇蹟,芝加哥《太陽報》總編輯 Harry(前排左一)、白匯高中老師 Sherryl Eerrito(前排左三)及 UC 柏克萊大學心理學教授(後排右三)

不必動手術了，海瑞非常高興，覺得自己得救了，便立即把他的女朋友也叫到三藩市一起再學習中級班回春功。

那一天剛好《中報》記者陳青專訪，他的女朋友興奮的告訴記者說：我眼睛看得到的，Harry變漂亮了，不再蒼老了，回春了，又有性能力了，這是我可以作證的。

一個課程下來，幾乎每個白人都有效果。他們驚訝萬分！

女兒白雁的中學老師

在課程結束分享時，另一位白人做了自我介紹，他名叫Sherryl Ferrito，幾週之前他還在受胃脹大便水洩的折磨，他曾經求醫無效，又通過華人介紹了中醫和針灸，但是沒有效果。他是白雁 Albany High School 的中學老師，有一次他做家訪，我發現他臉色發青暗色，定睛一測，知其是嚴重的腸胃病，病因已經不簡單。我便一語道破，他當時感覺到很驚訝，就坦白的說出，是的，是患萎縮性胃炎，醫生警告他說有轉胃癌的可能性，另外一個醫生告訴他，因為他長期的腹瀉，所以每三個月要做一次腸鏡檢查，以防止腸癌變。

我心裡明白，他這種狀況其實癌變已經潛在了，但是他當時還只有四十多歲呢，對我女兒也很照顧，所以燃起了我的憐憫心，我決定為他免費治療。

三次佈氣痊癒

他乖乖地來了。因為他誠心佩服，覺得我有超靈能，他問我說：「沒有把脈，也沒有需要病人敘述病情，怎麼會一眼看出我患

有甚麼病呢？」我笑而不答。這個醫生有點神秘，真是不一樣。他以為會用針灸或者是草藥幫他治療，他躺在我的治療室，閉上雙眼，完全不明白我是怎麼樣把他的病從身上趕出去的。

其實我是在用我的氣血能量去除他身體裡面的寒濁二氣，並且灌氣使他腸胃加強蠕動，第二次他躺在病床上接受我發送能量給他，上下腹如同翻江倒海般的不斷地蠕動。我為他治療了三次，並且教他練習一套用發音和動作調節脾胃的方法。

他在大會對同修說：我第一次就明顯感覺到有效果，首先停止了腹瀉和腹痛，三次治療後，病情全部消除，臉色也變得紅潤起來。這真是不可思議的奇蹟！但是我相信她，確實解救了我的痛苦。

這些神話很快地在美國白人中傳為佳話，各大學的邀請幾乎應接不暇，美國人知道了有一位神秘女士渡洋來，帶來了一條祛病回春的新路，很快的我就被邀請到洛杉磯美國東亞大學中醫學院教學。

看得見的「生命超能量」

幽靈葉和勞宮穴

　　早些年在美國，針灸不受世界認可，即便臨床治療已證明中醫傳統療法確有奇效，但由於西方醫學通過解剖手段無法證實中醫中「人體經絡」、「穴位」，以及「精、氣、神」等物質的存在，所以一併的否認。五十年前出現的克里安攝影術，讓能量場和經絡的理論得到了證實。當用手掌心發氣為人治療時，兩手心的勞宮穴果然存在，右手能量大於左手。

　　當他們將一片葉子從中切半時，發現被切掉的半片葉子區域，所拍到的竟是「完整的整片葉子」。即使葉子的某部分不在，一個微妙的能量場還是繼續存在於原本的部位，就像原來的葉子還在一般。很多科研人員都發現了在生物體周圍的能量場，他們感到非常驚訝。

人體輝光現象

這一發現引起世界眾多國家科學家的注意。我趕上了時代，恰好在上世紀八十年代起，德國、日本、美國等分別對人體輝光現象作了探索和研究。

一九八九年，在美國洛杉磯安那罕授課之後，美國同學會的楊元政博士、沈大明博士和邱勝宗會長建議我，到臨近的安那罕展覽中心去參觀，那裡剛好有一場國際自然療法博覽會。

我們欣然前往。大約有數百個攤位，來自世界各地。

突然，我們一群人被一個展台的先生叫住了，大家停下腳步，一個德國人，笑呵呵地，向我招手示意我過去。

他對我的助教們說：「可以免費為這位美麗的女士照像嗎？」

在熙熙攘攘人頭攢動的人群中，特別免費服務於我？

可能是我身穿健身服，顯得健美？

還是他想找一個亞洲面孔的模特兒？

只見一台可以展現人體能量的攝影設備，據說可以測出人體的能量場強弱。隨即大家建議我拍照留念，我靜坐下來，運氣至頭頂。

我的能量場令人驚訝

奇蹟發生了！我頭上發出了七彩光環的照片，充滿了強大的能量信息，氣象萬千。當時令美國主辦單位驚訝不已，他們作為展現成果，當場收藏並放大成巨幅照片，懸掛在展覽會現場，因為他們從來沒有拍出來這樣的照片。隨同的邱會長也拍了照片，對照之下，如薄弱白色海棉般暈光一層，與我的截然不同。大家都驚歎不已！（見彩圖）

專家解釋說：這個 power avs 技術是克里安照相（Kirlian Photography），又稱體光攝影術，可以測出人體的能量場，一九三八年由俄羅斯人發明，人體氣場攝影儀，可知身心靈狀態。這一發現引起世界眾多國家科學家的注意。本世紀八十年代後，德國、日本、美國等分別對人體輝光現象作了探索和研究。實驗表明，人體輝光的顏色和形狀會根據人的健康狀況、生理和心理活動等發生變化。

克里安照相術，肯定了兩件事實

到了廿一世紀初，科學家通過克里安照相術，可以肯定兩件事實：

第一、人體有肉眼看不見而又客觀存在的物質能量氣場，但是，依據能量氣場的強弱高低，有不同層次的區別（Layers）、更高的能量體（Energy Bodies）。

克里安照片的好處在於，可以將人的或物的「氣場」、「能量場」捕捉到。

第二、人類周圍也有電波、伽馬射線、紫外線、氣流等物質能量。發光照證明，我就是特殊能量方程式。我從能量學角度認為：人類和宇宙溝通有無限可能。練至高境界時，人體小宇宙，就會和大宇宙碰撞產生「超能量」。

曾經在不同年代、不同場合、不同學員拍照時偶然的發現，除了克里安照像術外，用普通照像機的，竟然也有數十幅照片反映出我的發光現象，甚至有「金鐘罩」光影。這就是不同凡響的「超能量方程式」。生命奧妙的未知世界，永遠大於已知世界！今後，我們或許將發現，有些所謂的「迷信」及不可思議現象，根本就是一種超級科學！

在小朋友眼中發光

超能量是發光的

當具有了超能量，本體就是可以發光的。小朋友的肉眼或天眼打開時，是可以看到的。這個現象是從若干小朋友的敘述中，得到了進一步的證實。

幾十年來，無數的家長向我報告，孩子看到了我和白雁的光。在美國教學的時候，酒店老闆張延生夫妻，帶著四歲的小朋友到課堂做助教服務。突然，他的兒子從媽媽身上掙脫下來，跑到講台前，在黑板上畫了一個人頭，在人頭的頂上畫很多光芒，他用小手指向我，向全體同學說：「老師的頭上是這樣呀！」他純真可愛又認真的神態，至今難以忘懷。

大部分的小孩子在接受我發氣的時候，會敘述自己看到了各種各樣的五彩光芒。

美國另有一對夫婦帶著兩個兒子到課堂學習，當全班同學閉上

雙眼，我向全體發氣的時候，他的兩個兒子閉著眼睛，跟著我滿場跑，竟然也不會撞到人！無論我走到哪裡，就如同有一個強大的氣場把他們拉到哪裡，助教們看了都覺得十分驚訝，發功結束之後，我讓兩個小朋友上來作見證，他們說：只覺得眼前佈滿了一個一個黑柱子，唯獨有一個大的光團，發著七彩的光，我們就跟著那個光團跑呀跑……

大家都明白了，那些黑柱子，就是每一位學員站在那裡，而那個發光體就是老師呀！

見證：見自己內臟、口吐藍光

　　　　加拿大十七歲學員 Cindy Lee 給我的聖誕節卡

我高度近視，每日失眠、頭痛、全身骨疼，練功一週，眼跳動，視力提高，失眠全消失，頭疼胃疼全無，並在練功後，出現了透視內臟的功能。

一、練「三線靈動」站立時，感覺氣從足底沿腿上背，經百會而下丹田。雙手即由陰面轉向陽面，全部打通、三線周流不息。

二、許多時見高雲大師在身旁。至此見小燈泡圍著身體旋轉、顏色時有不同；又見自己五臟。

三、練功大約兩個月後，發現自己十個手指有藍色光向外射。再過數日，藍光從口中吐出（持續了約一個星期）。

四、至此靜坐時，如常周流不息外，更覺像有兩球在面前（體內）上下左右滾動（這種現象持續了約一星期）。

獲美國加州十大名女士獎

接受美國亞視鄭佩佩的電視專訪

美國西岸華語電視台主持人鄭佩佩在節目專訪時問道：

大師，您平日吃些甚麼？我答：餐天地正氣。

那麼，您是用甚麼方法？我答：法今古完人。

從上世紀八十年代初起，一路被電視台專訪。香港 TVB、加拿大華人之星、日本一千零一夜節目、美國舊金山華人電視台等。在美國加州的三大報紙，《世界日報》、《國際日報》和《中報》，經常報導關於我的消息，並且發表專訪文章。

聞名國際的影視明星鄭佩佩，在美國洛杉磯開設電視節目製作公司，叫做「星象傳播股份有限公司」，她作為製作人兼主持人，曾拍攝美國華人紀錄片系列。感謝電視台當家人鄭佩佩的欣賞，她通過《世界日報》的總編找到了我。

鄭佩佩比我小些歲，但是我倆是同一天的生日，星座也是一樣的。這位一直到七十古稀還出鏡拍片的武打電影明星，一直有女性

的魅力。

當選加州十大名女士

在銀幕外，她仍然是義骨柔腸，雖然沒有武術的架勢，但是，她是善解人意的女中豪傑，溫文儒雅的她，見到我以後就很投緣，我認她為知己，互相傾聽鮮為人知的女性在海外開創事業的困難，互有同感。

我們可以在一起吃飯，聊天，我給她示範了幾招，她也嘗試了我的發功力。她請我去她家，討論採訪我上電視做節目的議題，在電視上播出了她對我的專訪節目。

一九九〇年，美國加州採用群眾民主票選的方式，評選「加州十大名女士」，當時經過熱烈的投票選舉，我以高票當選，我和鄭佩佩同時被評選為加州十大名女士。十大名女士還有：加州州務卿余江月桂、美國交通部長趙小蘭、蒙特利爾市長趙美心、《世界日報》總經理王慧蘭、中國電視台長謝瑾瑜等。

當你付出努力，對社會有貢獻時，就會得到社會的認同，無論你是在哪裡，總是要發光。

〔白雁註：母親是「智慧」的女人，在其後若干年，她始終以智慧、勤奮、品德為三準則，把握自己的生命之舵，並在一生的艱苦奮鬥中，成為名人。命運沒有讓她屈服，這樣一位久病纏身，甚至看不到生命希望的人，經過不懈的努力和堅持，竟然成為聞名天下的健康導師。報章評她：高山仰止　雲淡風清　大氣磅礡　師勝豪傑。她成功地站在國際舞台，接受鮮花掌聲，並被評為美國加州十大名女士。〕

當選美國加州十大名女士。

獲美國加州十大名女士獎

世界名人榜——
加拿大僑領登報致謝

中國曾派醫療隊赴加為他治病

一九八六年我應加拿大溫哥華中華文化中心邀請，前往溫哥華。加拿大僑領陳焯聯到文化中心找到我說：自七十七歲時因病癱瘓，祖國曾特別派醫療隊赴加拿大為我醫治，見效甚微，病情日漸嚴重。

我見他行動不便，請兩位助教送他回家，見其妻子亦年邁體衰，當即心生憐憫，答應為其醫治，使他喜出望外。因效果神奇，可以站立行走了，於是幾次登報致謝。（曾在《大公報》等報詳細敘述每次治療時的氣感）。遂再次發心更加努力為慈善事業奮鬥，同年，他獲紀念溫哥華開埠一百周年耆英先驅獎、加聯邦建國一百二十五年紀念獎等。

入世界華人名人榜

陳老一九二〇年移居加國溫哥華。中山功臣陳天覺後裔，加拿大華人慈善家。熱心公益，樂善好施。捐資建中華文化中心、中華會館、聖約瑟醫院、華僑公立學校、華埠女子青年會，成立慈善基金會、耆英會，創設陳焯聯金齡宮、安老院；又成立了陳焯聯慈善基金會。

他在溫哥華興建了金齡宮安老院，安置耆英入住安享晚年。他邀請我去參觀，我便在那裡義務為老人們授養生健康課。

在他大力推薦下，加拿大華人之星電視台對我做了「人物專訪」。以下是他在一九八六年登報向我致謝的文章節錄。

報導：為善能增壽，不由你不信！（節錄）

《加拿大英屬哥倫比亞報》

【本報專訪】高齡八十二歲的加拿大華僑領袖陳焯聯基金會會長陳焯聯先生。他接受高雲大師發放「外氣」六次，以去除其偏癱症狀。陳老先生欣喜地說：「今天遇到著名的高雲大師，再次驗證了：為善能增壽，不由你不信！高雲大師為我用氣調理了六次，就使我患了五年的痼疾取得了神奇的效果，我覺得非常興奮，這是我經過三年指壓按摩和兩年針灸都沒有感覺的。她的貫氣方法，一不吃藥，二不用針，使我感覺舒服無比。」

經過貫氣調理，陳老先生的夜尿從七、八次減少至一、二次，夜晚睡眠深長，走路步伐不沉重，患肢從完全麻痺到感覺有壓痛、脈跳、經絡運行和溫暖。患側手的皮膚色澤

及溫度也改變了，胸悶消失，精力充沛，甚至有男護士為我洗頭時，發現我白髮轉黑，脫髮重生的奇蹟，十分美好。這真是返老還童的奇蹟啊。

做紅娘牽成第二春

更有奇蹟在後面，半年後，老人脫離了輪椅，可以自我行走，並從加拿大專程赴香港參加我的新書發表會。見他返老還童，我非常高興。

他告訴我，幸好你幫我，現在脫離了坐輪椅的日子。可是老伴去年離世了！八十三歲了，身邊沒有人照顧還是不行啊！於是我介紹洪會長給他，二人喜結黃昏戀，陳洪二人因完全信賴我的安排，當天即由我陪同下，辦理註冊結婚手續。

洪單身一人辛苦扶養兩個兒子在香港長大，居住環境貧苦，但她為人十分善良，在香港擔任氣功會長，負責我在港一切事宜。我一直想以幫助她脫離困境來回饋她。

我當時的恤老憐貧之心，促成了一對老人美好晚年。

幾年後，我去加拿大，看他們老夫老妻甜蜜生活，並一再向我致謝，一個有了賢妻照顧飲食起居，一個生活擺脫困境兩個兒子移民加拿大，有了好的工作。我囑其子，你們因此移民加拿大，照顧好陳伯的晚年是你們的責任。陳伯和洪姐幸福晚年直至九十幾歲。我真為這件事感到高興！

因愛而屢創奇蹟

很多故事看來或許讓人不可思議，但卻有力地證明了一件事

實：很多中西醫束手無策的疾病，由功力高深者，向外釋放自身的能量，它可以穿透到人體，帶動氣血的能量和經絡的暢通。因此，能夠直接作用於受功者，完全可以改善疾病狀態。

我發放出來的外氣，因具有很強的穿透作用。而曾經幫助了很多不良於行的人，例如：偏癱、癲癇、嚴重的糖尿病、腦外傷後遺症、心臟病、癌症等等。有幾位被我擊碎膽結石、腎結石破碎排出，有的使癌症腫瘤變軟變小，以至消失。

見證：腦瘤後遺症神奇康復　　　　　　　日本小東京飯店總經理

我的太太 Hayama 六年前因腦瘤手術，左眼失明，左鼻萎縮，臉嚴重地扭向右側，不能站立，更不能行走。經高雲大師調理第一次後，就可以站立一分鐘，三次後，竟然六年來第一次行走了！開始時走八步，後來能走十幾分鐘，並可轉圈行走。失明的左眼，可見到光亮的東西，嚴重扭曲的臉，已恢復如常人。大小便轉為正常，面色紅潤。

她過去的生活完全不能自理，現在不但能作飯，還可以照料兩個女兒的學習。她是日本人，不了解中國文化，現在她對中國的醫術佩服得五體投地，逢人便講這個奇蹟。她手術後，口齒不清，只能發音三、五字，現在與常人無區別，過去為了妻子的病，耗費數十萬美元，今天在她身上發生的奇蹟，令我感激萬分，銘謝恩師，特作見證。

美國航空專家
——與死神擦身而過

學員們都知道我有超能力，即心靈感應、透視、念力、預知等超自然能力。這些在西方稱為「超心理學」。很多人經歷過請我千里遙測，或聽說話的聲音，或憑著手相圖，也能夠道出性格和疾病，是因為我抓到了他的生命信息。以下見證，是證實了「信息論」的極好案例。疼痛是身體發出信息，空間中有電波，人腦也有腦波。我只是捕捉到了他的信息。

故事主人翁在美國被六位西醫錯誤診斷，險差三天沒命，只因為他的「誠信」，向我求問究竟，而救了自己。所以，只有自己才是生命的最終保護者。

我用意念捕捉到他的病根在腦中有瘤，他半信半疑地聽從，並主動要求醫生做腦部 CT。當天即被急救車送往做開腦手術，撿回一命。他曾任本會的國際總教練，帶領助教團服務數萬人，在付出與回報之間存在著神奇的能量轉換秘密，這就是愛的回音的福報吧！

三十幾歲患三高

我自幼在美國長大，早於上世紀四十年代隨父母移民美國，英文是我的母語，對於中華文化所知甚少。

我在 California Institute of Technology 航空系畢業後事業順風，以吃遍美食為人生的享受，結果體重達到了一百九十磅。我開始患有心臟病、高血壓及痛風，曾試過多次減肥無效，後控制飲食，造成植物神經失調，一陣厭食一陣暴飲暴食，自認為已無希望。

世界著名加州柏克萊大學（UC Berkeley）的心理學教授Hanes，是我的友人，她要我去參加美國心臟學會的演講會。那是大師為心臟病學會（Cardiology Association）的演講。

曾記得大師說：心臟醫生們，你們當中，是否有人自己也會患有心臟病呢？會場中有幾位舉手了。

這件事觸動了我，我才三十多歲就開始吃降壓藥和痛風藥了。我的父親就是心臟病高血壓，後來中風半身不遂，我可不想像他一樣。

三個月體重減掉三十三磅

那場演講非常成功，後來那些醫生都成為她的學生。於是我也開始練功，見效最神奇的是減肥。並沒有減食量，三個月時間，我的體重竟減掉三十三磅，變成一百五十七磅，血壓不再高，痛風不再犯，面容也改變了，臉上贅肉消失，十五年的面皰也不見了。

我的事業因此又再一次衝上了高峰，主管一間航空服務公司。很容易好了瘡疤忘了痛，大師退休了，我也不練功了，因為我每天忙碌工作十二個小時，生活無規律、亂無章法。

醫院是最不快樂的地獄

不料要命的事發生了，我躺在了醫院的搶救室。當躺在病房，才大徹大悟到，這輩子您的學問我還沒有讀完。

二〇〇九年，連續三個月不停止劇烈的疼痛，從腳後跟開始，一直游走上到面部，經不同醫院六位不同西醫檢查，得出六種不同的診斷。包括有血癌、紅斑狼瘡、瘧疾，……每日食大量藥物，血液檢查各項指標越來越混亂。

體重突降三十幾磅，只剩一百二十九磅。疼痛造成夜夜難眠，有一天夜裡，有一個聲音指揮我墜樓自殺。過了一陣，又好像有一隻發光的手，放在我的頭上。

昏沉中醒來，全身冷汗濕透，一向膽大的我，人生第一次的恐懼、牙關緊閉，無力起床。向大師敘述後，她用十分肯定的語氣對我說：「你去請醫生幫你做一個腦部的 CT 掃描吧。」

「我全身疼痛，只有頭沒有症狀呀，為甚麼呢？」

她說：「馬上去！你可以提出要求檢查頭部。」疑惑不解的我立即去醫院，主治醫生無可奈何苦笑一下，開了單子。腦部掃描的結果，讓六位醫生大吃一驚，原來要命的病根就藏在腦部，一顆很大的致命的腦瘤，隨時會爆破！

六個西醫誤診，大師神準測出

醫院急救中心當場把我綁起來，立即送入手術室進行開頭

顧手術，因為醫生說：太危險了，這顆腫瘤隨時會爆破，死亡率是百分之百的。

就這樣，大師又救了我一命！為甚麼六個西醫用那麼多醫學的診斷檢查，折磨三個月，竟然診斷不出來；而大師卻能抓到我的要害呢？我到現在也不明白，佩服到五體投地！

死神到臨才明白

開顧手術後住院時，同病房兩個病友都死了，醫生特別叮囑我說：五年之內還會復發，較大可能性是損傷嚴重也會變癡呆的。

大師及時救我生死一線間，讓我徹底明白，疾病真的好像大師所說的如同賊一樣，悄悄地吞食生命，死到臨頭才明白。這一次我乖了，一直堅持練功，不但平安活過了醫生規定的年限。十年來，體重、血壓、膽固醇、血液所有指標都正常。又連續參加了大師在二〇一六年開始傳授的「蓮花掌」和「大乾坤」。效果非常明顯，朋友都說我比從前反而年輕，自覺精氣神特別旺盛，有如返老還童，我已年近七十，容顏身材也無古稀老態，在此跪謝大師救命之恩，願意隨時事奉同學，貢獻餘力，報答救恩。

第十一章

南美洲掀動中華文化榮耀

從加拿大、美國，到南美洲巴西、智利、阿根廷、巴拉圭、烏拉圭，認識「東方的能量——氣功」，是從高雲開始的。早於卅年前掀起了南美洲的中華養生的大風潮，獲中國中央黨報《參考消息》專題報導。

巴西醫學院邀請演講，現場發起挑戰，當隔空將手一揚，即場降壓成功，震驚洋人醫生，為中華文化在世界揚眉吐氣。

家喻戶曉巴西僑領來結緣

僑領張勝凱帶領巴西僑界風雲際會，掀動中華「文以載道」風潮。佛緣植識田，建立南美洲佛光山的故事。

三十年前巴西緣

南美洲政界僑界的領袖張勝凱，是世界台灣商會聯合總會會長、巴西台灣商會會長、聖保羅華僑聯誼會會長、巴西佛光會創會會長，他為人樂善好施、濟助無數貧苦僑胞及巴西人士。

憶一九八七年，我從舊金山剛遷居到洛杉磯。美國「高雲福緣會」會長邱勝宗陪同好友張勝凱到府拜訪，他倆是在日本的同學。

初次見面，張告訴我，去年患了甲狀腺癌，並有神經痛宿疾，病發作起來半個身體都不自在，針灸、推拿、拔罐都做過，止痛藥吃了不少，依舊時常發作。還有其他多種不適。他當年只有四十六歲，正值壯年，見他如此可憐啊，我決定出手相助。

當時幫助這個人，完全是由本心出發，並不知其身份地位，也

沒有想到會從此結緣南美。之後，張勝凱和他的妻子，成為我到南美洲傳揚中華養生文化的引路人。

相見不到十分鐘，他便撥手機，改變回巴西的班機。當時給他發氣，他顯然對氣很有感應，吸收到了氣，臉色立即有好轉。看得出來，此人是極為善良又有慧根的相貌。於是，臨告別前又給他在頭部多灌了一些氣。

靈氣顯動

回巴西後，他向記者講述了一件不可思議的事情，那是在這次回巴西的飛機上。

他說：「安靜下來，全身好像溶入在音樂的頻率中，隨著，身體、頸部和頭部跟著音樂動起舞，很多以前聽不到的超音波，都能感受得到，也就是說音樂的音波頻率能夠提早的聽到，感受到身體是自然而然的，跟著節拍搖動，好像金庸武俠小說裡面的描寫，實在太神奇了。

惹得空姐過來問：『先生你沒事吧？』

我並不覺得尷尬，閉目回答說：『非常享受！非常舒服！』

我覺得是老師的氣正在整理我的頸部。我覺得半邊身體不協調的那些不舒服的症狀，被氣趕著，慢慢都鬆開了，有冷風從身體飛出去了。」

這段敘述，我後來才在美國和巴西的報紙上看到。從大半版對張勝凱的報導中，他詳細講述自己與我相遇後，身體的改變和心靈的變化，摘錄一小節如下：

南美洲人初識「東方神奇能量」，台上穿白衣男士為張勝凱。

家喻戶曉巴西僑領來結緣

張勝凱的太太說：他每天清晨和傍晚勤練不已，蠻像一回事。我轉過頭去瞧他，見他面色紅潤，容光煥發，一改過去的倦容，心想難道真是練氣功的關係？

起初他練功的時候身體突然身不由己的動起來，動作或如太極拳，或如少林拳，忽然好像在跳泰國舞，身手矯健，令人稱奇。這些動作，他作夢也不曾想過，更沒有學過。只是自從在美國接受了高雲大師給他的靈氣，從此，只要安靜站好，靈氣就會顯動，引發他產生千姿百態的動作，而且很多動作是他平時根本無法做到的。但是在得氣的狀態下，產生了超強功能喔！其實人到中年筋骨會老化，而他現在筋骨能夠恢復到嬰幼兒一樣的柔軟，而且不由自主的打各種拳，據說這就是古代小說當中的神拳。

日本開課

那次見面，他聽說我的父母在日本東京定居，便邀請了一些日本朋友還有台灣的家人，請我到日本東京探親時講課。他忙前忙後，召喚日本新聞媒體，希望每個人都分享到身心健康的快樂。他的父母及妹妹、妹婿都在日本參加了我的課程。

南美洲佛光山誕生

讓巴西受益

一九八七年年底，他和妻子帶著鮮花在聖保羅市機場接我，熱情的安排我在他家裡住。張太太是典型的賢妻良母，每日精心安排我的飲食。勝凱則在下班後親自駕車陪我到課堂。

南美洲的華人班，和其他國有所不同，著名的僑界領袖齊聚，大家好像一家人一樣，所以學習的氣氛其樂融融。

有他在，我們上課的氣氛非常活躍。有一次我講了兩句功理，他翻譯葡文，竟然滔滔不絕，講到把我忘在一邊。我只好半開玩笑說：我有講那麼多嗎？大家哄堂大笑。原來他把我的話反覆解釋，並且以他的效果見證和體會加以發揮，所以停不下來。足以見到他為善的慈悲心懷。

自發森巴舞

住在勝凱家，第二天早上練功，閉目深呼吸，突然氣充盈四肢，竟然非常有節奏的跳起舞來，有非洲黑人的狂野，節奏歡快地扭轉腰，擺動臂，非常享受，全身汗出舒暢。

因為自己過去的所處環境封閉，我甚麼舞蹈也不會的。勝凱笑著告訴我，剛才我跳的那一段舞蹈是巴西特色的森巴舞，是巴西嘉年華狂歡節的象徵。

這太奇妙了吧?!為甚麼在巴西睡了一覺醒來，竟會無師自通跳巴西的舞蹈呢！只能證明一個真理：人的能量是可以與天的能量相通的，當與天的能量頻率相通，攜帶著巴西生命信息的能量場的頻率和風土人情信息，就被我接收到了。此事證明了我一向的認知的，人是處在多維空間裡，人達到高境界，就能感受吸收到多維的信息。

自發梵語打佛印

轉年第二次到巴西，授高級班大周天，這個是我創編的打通全身任督兩脈和奇經八脈的功法，理論是以開通佛家的七輪而創編的。

張勝凱每天勤練，有一天他問我：「怎樣才能達到最高境界？」

我稍猶豫了一下，索性直截了當的說：「我們這是一個修行啊！有的人將自己的時間安排滿滿的，禮拜一去打麻將，禮拜二去跳舞，禮拜三去吃烤肉，禮拜四和朋友聚會，禮拜五應酬。禮拜六再來練功吧。」

他非常有慧根和悟性，爽朗地仰面大笑：「老師是在説我吧？」

我沒有想到的是，他竟然將我的話完全聽進心靈深處，他完全改變了以往幾十年的習慣，下班就回家練功。有一天，他在家中晨練時，元氣使六根震動，突然自發地打起了各種佛印，並且口中唸出梵文。

我當時立即為他拍下照來，作為紀念，因為對於他能夠靜心至此種狀態，是一個大的突破。

事後，他問我是怎麼回事？為甚麼會這樣？我說：「你有佛緣，從此以後，你的長相也會越來越像佛了。」大約一年之後，在台灣他的母親告訴我：「勝凱過去心很難靜下來，自從和妳學功後，已經一心學佛了，也完全吃素了。」

以後，他每次到美國看我，就帶很多本的佛書給我。我明白他找到了心靈的歸屬。

捐獻南美洲佛教聖地

我在巴西期間，他將一所美麗的花園別墅，讓出來做為高雲養生基地，供給大家聚會時用。我們聚集了幾次，但是我不敢接受，因為我不能保證自己有時間常常到巴西。後來他將這片土地和房屋捐給了星雲大師，建立了佛光山如來寺，成為南美洲的第一座也是最大的佛教寺院。他的善願愛心，終於得到了最好的善果。

精英們　莫太累

二〇〇六年五月，突然接到女兒白雁電話：「乾爹走了！」説

完泣不成聲。我也頓時陷入無限的震驚傷痛中，忙碌的現代人猝死的越來越多，人的生命何等脆弱，精英啊，累不得，活得不易，走得太容易！

人生雖無常，但清楚地記得一九九九年，我在台北喬遷新居。他來拜訪，乘電梯時，我看了他一眼，便對他說：「你怎麼啦？腫瘤好了，心臟病又來啦？」

他說：「甚麼也瞞不過老師的法眼，是的，但是我已經安了支架。」

他抱歉地說：因為忙於南美洲籌建佛光協會，已多年輟功了。

我不放心，便勸慰說：「無論是否修行，今後絕不可過勞啊！」

同時我特別告訴他，我將交棒給女兒了。那次他見到了白雁，十分讚賞。白雁敬他為長輩也甚孝順，每次乾爹到台北，就盡地主之誼請他吃飯唱歌，與女婿彥寬談佛法，相談甚歡。

一九九九年，他請我和白雁到巴西參加世界台商聯合大會，安排白雁在大會上演講並表演。張家老少三輩，待我和女兒白雁如親人。

回憶將近二十年的亦師亦友似親人的往事，甚覺惋惜。

巴西，是我愛的地方，我愛那裡的風土人情，更愛在那裡生活創業的可愛的一群亦師亦友的學員們。張勝凱先生走了，被多人感念，眾人因他受益，其功德無量。他所付出的，巴西僑界也不斷有人感念。雖然不捨與惋惜，但是人總有離開，他視弘法利生為己任，為社會做出的貢獻，讓人永遠懷念他。

開山 Master Hsing Yun 大師

| 師略傳 | 大師動態 | 大事年表 | 著作總覽 | 星雲大師文集 | 書法墨跡 | f |

百年佛緣10－道場篇2

首頁 > 星雲大師文集 > 百年佛緣10

搜尋範圍 百年佛緣10－道場篇 ▼ 請輸入關鍵字 請輸入關鍵字

我在南美洲佛教的起跑 f 8+

　　南美洲人情熱絡，蕉風椰雨，風光美妙，尤以巴西亞馬遜河的風光、聖保羅的人文風情、巴拉圭伊瓜阿根廷「世界小姐」的光彩，以及智利銅礦的盛產等，聞名國際。

　　在這個人民普遍以天主教為信仰的南美洲，說起佛教傳入的淵源，最早應該是在二十世紀五、六十年本人大量移民南美洲，而將佛教信仰帶入。之後，陸陸續續地，又有來自台灣、韓國、越南、藏傳、南傳入。但是直到一九九二年，因緣具足，佛光山才將弘法的腳步延伸到南美洲，為南美洲人間佛教的弘揚打

星雲法師敘述於南美洲的佛教緣起的文章。

她像一陣旋風，席捲了聖市，及巴西北至巴依亞的薩爾瓦多、敏那斯、里約，高雲來聖市短短不到一個月的時間，參加習功的中外人士已達四百餘人（共開五班）。

華僑企業家張勝凱，談到他邀請高雲老師來此授課的動機，說：他在今年四月間，因左側頸項得了甲狀腺腫瘤，雖經手術割除，但後遺症很重，全身疼痛，身體衰弱不堪。由於長期服藥肝臟受損，並有腫大趨勢，五月間路過洛杉磯，承老友邱氏夫婦介紹向高雲老師習功，半年下來判若兩人，不但身體健康，面色紅潤，精神充足，並且對生命充滿了美景，朋友們都驚為奇蹟。回巴西後，乃決定介紹給廣大僑胞朋友。

張氏好友林訓明、劉益民、斯子林、李根塗等都熱烈響應，僑胞朋友更趨之若鶩。林訓明夫婦為了上課，聖市、愉港來回跑，上完初級班，接著上中級班。中級班有的課程須清晨六點到張氏別墅練，林訓明夫婦為了晨課，頭天晚間乘夜機從愉港趕來，第二天練完早課，再趕十一點的飛機回愉港。

林訓明夫婦練功認真又誠心，他的理由是：氣功是中國的古老健身文化，是我們祖先遺留下來的文化財富，只因中國人的門派及家族觀念作祟，使得這些功夫沒能發揚，以致沒落或失傳。反觀日、韓等國將我們的文化殘葉剩草，如柔道、跆拳道、空手道等當寶一樣研究、操練，並推廣到全世界，最後變成了別人的文化。他強調說：「就憑這一點，我也要積極參與學習，然後將它發揚推廣，我願捐

出一塊離愉港市八公里的土地，做為練功場。」

斯子林夫婦在僑界一向為善不後人，對傳揚中國文化很熱心，由於他是聖市華僑老人院的負責人，深深體會到老人病痛的悽慘，對老人健康特別重視，當他氣灌全身後，居然舞出一套很優雅的太極拳術。據他說，他並沒有學過太極拳，最近氣色白裡透紅、神采飛揚，看起來與年輕小伙子不相上下。

書法名家鄺濟榮教授，廿多年來為醫治視神經衰弱，不知看過多少中外名醫試過多少所謂的祖傳秘方，但視力始終沒有好轉。因視神經影饗睡眠，從沒睡好覺，得了嚴重失眠症，每晚不到三更，就輾轉反側，睜眼到天亮。自學氣功後，鄺老師高興的說：「現在睡得可甜了，一覺到天亮，白天精神很好，連眼睛都感覺清爽。」

台灣外貿協會駐巴西代表劉威正，在初級班始終穩如泰山，但進入中級班後，氣發得淋漓盡致。據高雲老師說，因劉氏本身氣很足，如同一個能量龐大的火山，外殼非常渾厚，雖短時間引發不出，一旦引發起來，其能量威力之巨大，不可想像。劉太太王萍也隨著丈夫練功，不到一個月，居然氣走全身，繞腳灌頂，練功之時，每有穿牆欲過之感，樂得他兩夫婦笑口常開，益發年輕，直說不虛學習。

其他，有更多奇蹟出現在練功的僑胞身上，如從好景市來的賈福仁，六十三歲、山東人，在好景市經營飯店，因心律不整，左手、腳麻痺、肝胃欠佳，有時胃氣很爆，打噎二小時不止，因胃病肝火旺，大便乾燥及便秘。自習得氣功後，病情完全改觀，手腳能動，心跳平穩、胃不痛，噎

不打、大便暢通，賈先生高興的將好友全介紹來學，自己
也長駐聖市，有課必上，直到最後一班結束。

英國牛津大學航空系博士，現任教於巴西利亞大學的陳國
哲教授，為了他嚴重的胃腸病，也趕來練功，經過高雲的
多次施氣，治好了他的胃病，陳教授感激得跪地不起。

黃齊芳的獅子吼氣功、陳淑麗的氣功芭蕾舞、麥文福的醉
太極、李振茵的美容按摩操，都引人入勝，最神奇的是佐
藤太太，她十六年沒有來月信，練功後，居然月信來潮，
皮膚更轉為細嫩。

大部分的學生都是帶著病痛而來，如今都帶愉快的身心而
返，在十八日的謝師宴上，眾口一致希望高雲老師長駐
聖市。

中國黨報內部《參考消息》、《美洲華報》及巴西媒體報導。

南美洲佛光山誕生

巴西醫學院瞬息降壓顯神通

不可思議的奇蹟瞬間出現，勝過千言萬語。

西醫學者的挑戰

巴西國家電視台現場訪問時説：「高雲是個不可思議的傳奇女人。」

世界各國演講數百場，怎麼樣用科學的手段，向國際舉證人體超能量的真實性呢？每一場演講會我都會進行表演，表演方式和內容有多種的變化，目的只有一個，就是證實我所講的是真實的科學存在，不是虛幻騙人的法術。只有顯示我的超能力，讓真實的效果「説話」。

一九八九年，我應巴西華僑領袖林訓明的邀請，到巴西南大河州醫學院演講，在座的都是主任醫生和教授，從西醫的角度，他們從來沒有聽説過「氣」，不能承認它的存在，更不能夠認同「氣」可以對人的疾病和健康起作用。

這是西方人對我的「中華新能量法」的迷思，所以再精彩的演講大會，最會講話的大師，也不能打動他們的疑慮。只有讓「事實」説話。

這時候，院長突然要求我當場治療病人。他們立刻從醫院裡面的病房中，用輪椅推來兩個老婆婆，由醫院方面護理當場量血壓，一個人的收縮壓及舒張壓分別高達一九五及一一〇，另一個人則為高達一八〇及一〇五，兩位都是高齡住院多年不癒的高血壓患者。

醫院方面希望我幫他們把血壓降下來。這顯然是對我傳揚中華新能量法的挑戰。

神手一揮間　專家驚歎折服

我凝神靜氣，雙臂揮舞，丹田運氣，調動能量至掌心，相隔病患一米遠，將強大的生物電發功過去，這中間，我沒有碰觸兩位老婆婆身體的任何地方，只隔空將能量流擊灌過去，大約二分鐘……。我向護士示意：OK！可以再測量血壓了。

林老先生很緊張，會場的空氣幾乎凝結了，因為在這之前，他就對我說過：高雲大師，我們這一去只有成功，我們一定要為中華文化爭光。但是，對方要出甚麼牌，大師會怎樣應對，他的心中一直有懸念。

事實馬上證明，顧慮是多餘的，轉瞬之間，立刻見證了我的功力是真真切切的奇妙存在！醫院方面再測量血壓，兩位婆婆的血壓（收縮壓及舒張壓）都是當場下降，一位從一九五及一一〇降到一五〇及八十五正常指數；另一位血壓也從一八〇及一〇五立即下降到一五〇及七十五。所有的教授醫生，目瞪口呆。遠超過心理學，又沒有語言誘導，又不是催眠術，又不是魔術。

為何才只有兩分鐘，既沒有吃藥，又沒有打針，也沒有按摩，只有隔空，雙手一揮，病患多年的高血壓竟然都達到了正常指數！……儘管不可思議，不得不被眼前的奇女子折服。

接下來，全場掌聲經久不斷，他們在掌聲當中，又是點頭讚許，又是搖頭大呼不可思議。因此，我又被電視專訪，當時成了轟動南美洲的傳奇人物。

感謝巴西著名企業家——百歲林訓明

之後十多年再次見面，林訓明夫妻二人非常年輕，一點也沒有老態。

他也不愧為一個智慧的企業家，他學功受益之後，邀請我到南大河州，吃住在他家裡，城堡般的豪宅，十分有文化氣息。每早沿著他的環形車道，走路時，他請教發問特別多，又相當認真，他十分欽佩我的經歷和功力，於是，他徵求我的意見，是否可以為工廠的高層主管培訓，以提升工廠的管理和減少病假。他為工廠的五百個主管員工的身體健康，辛苦奔走，安排課室時間，邀請我授課。自己支付全部的學費。他的明智之舉，在之後的十幾年當中，一直為他的僑界形象和企業帶來了深遠的影響。為善增壽，他現在近百歲，仍念念不忘師生情誼，多年討教問候。

三十年前他曾帶我去看他的林場，讓我站到他的車頂上，眼前一望無際的樹海，他大聲說：「老師，你看中哪裡，就用手劃一個大圈，算是我捐給你用作養生基地的。」我甚感激，但自覺無功不受祿，不能接受。

今日憶起，這一輩子，若接受弟子們捐贈的土地，從美國到中國，從巴西到台灣，至少也該有十多地塊了。世人皆知，有土斯有財呀！這些人都是看到我上有父母下有幼女要養，要以茲幫助。儘管如此，好幾次面對擺在眼前的地契、利益，還是沒收取分文。今追憶往事，不禁感懷復感恩。

在巴西醫學院讓兩位高血壓患者，血壓降至正常，展現神奇超能量。

巴西醫學院瞬息降壓顯神通

第十二章

植根歐洲二十八載

英文著作的面世，如同長了翅膀一樣，把我們帶到歐洲，歐洲人更加尊重和熱衷於東方的自然養生。

德國漢學家 Manfred Porkert（慕尼克大學東亞研究所所長）說：「中醫藥在中國應該受到文化上的虔誠對待。」他們全體起立、雙手禮佛式，相較美洲，更加的虔誠、欣賞及崇拜。

於是我植根歐洲，挑選高水準的隊伍，培訓歐洲講師團，延續至今。

英文書成了口碑

神秘內容吸引德國出版商

一九九〇年，我的英文書 *Qi Gong For Life* 出版了。這是在西方世界第一本用現代人角度闡述「東方神秘能量」的英文著作。在日內瓦工作的聯合國專員 Fricha Bowen，因為患有嚴重的皮膚病，每年冬天發作，經美國朋友介紹，特地跑到美國找我治療和學習課程。痊癒之後，他買了一些我出版的英文書，準備送給他的朋友們。在歐洲的快速列車上，他抱著這本書正在讀著。

書的封面引起了坐在對面的一位德國的出版商注意。他們出奇的看著書中的一些章節，兩個人討論了起來，最後兩個人成了好朋友。

在我的學員口中，特別的強調說：雖然不可思議，非常神奇，但是這個東方女士的道理，我們非常佩服，這個東方女人散發的年輕又神秘的色彩，也令他們欲知究竟。這位出版商，看到書的封面上我發光的照片，覺得十分神奇，又翻閱了一些章節，一路上都在

於德國法蘭克福書展大受歡迎的德文著作。

討論關於不可思議的中國女人。

前所未有的盛況

於是這位出版商就決意要請我到德國去，他們兩個人共同找到了德國的「自然療法協會」，自然療法協會的 Brita Lance 聽到了他們的介紹，立刻與我的辦公室聯絡，並特別發出邀請函，邀請我到德國去演講。

讓我意料不到的是，歐洲人，尤其是德國人，對我更加的欣賞和崇拜。一場演講會，他們竟然全體起立、雙手禮佛式（我現在所教授的蓮花掌其中一個禮佛的手勢，乃是從他們的尊敬態中而來），演講會結束他們仍然全體起立，施禮並滿臉微笑的站立幾分鐘，不捨我離去。在他們一群人的眼裡，看到我這已年過半百的女人，青春的風采和不可思議的種種功能，大讚太神奇了！

課堂爆滿，使主辦活動的自然療法協會，驚喜萬分！據說這是多年舉辦活動以來，前所未有的現象。他們的辦公室的電話響個不停。

德國人比認真的日本人還嚴謹，他們的學習態度是「不求多，但求好；不求快，但求精；不求雜，但求專」。因此，只要在德國獲得認同的課程，在歐洲其他各國都可以得到認可。

兩個月後再去德國正式授課，不料竟然延續了長達十年的開班課程。

一直到二○○二年，白雁到德國去做教師培訓，從上萬的學員當中挑選了一些人進行培訓，希望培養出一批德才兼備的執照教師。我的這一系列養生法，至今仍然在歐洲生生不息持續著。

Master Gao Yun • Master Bai Yin

Qigong-Energieheilung mit den 5 Elementen

Die Fünf Elemente im Tanz der Qi-Energie

Heilung und Stärkung der Lebensenergie
durch Klang, Timing, Ernährung, Mudras und die
fünf Verjüngungs-Übungen

WINDPFERD

於德國出版的《五行能量法》一書。

德國音樂家感動作曲

啟動心靈的光，
啟動心靈的能量，
讓我們健康快樂的秘密武器
也在此中了。

獨特的簽書　送出的祝福

一九九七年，我因為德文書暢銷再版，德國出版社安排我和女兒白雁在法蘭克福國際書展進行簽名活動。

連續三天，我堅持以中文書法為每位讀者簽名。因為我的簽書活動獨具特色，所以大排長龍。當買到書的讀者排隊久候終於來到我的面前時，我不緊不慢的笑咪咪的先抬頭，向他打招呼，同時是為了觀察他的面相，然後我再根據他的情況，寫出針對的祝福和期許詞彙。

例如：氣和萬事興、定能生慧、道法自然、法於陰陽、性命雙修、秀外慧中、浩然正氣、善養天地正氣、靜而康、養心寡慾……

每一位在得到用毛筆寫的書法時，都如獲至寶，有的甚至貼在懷中，他們以謙卑的態度以恭敬的心，傾請德文翻譯為他做詞條的解釋，當明白我寫的內容含義，便滿足地雙手合十，連連以鞠躬致謝，久久不捨離去。

雲路——音樂的魔力

簽書三天後，大部分人會帶著我的書，來參加我的讀者演講會。

來賓絡繹不絕的湧入會場，據主辦方說此為盛況空前。人滿為患，很多人只有站著。

非常幸運的是：上天給我安排了一個漢語非常標準的德國青年。他喜愛中華文化，早年曾為了到中國去追尋學習養生之道，學中文五年，說得一口流利的漢語。最難得的是，我所說的那些專業詞彙、古文，乃至中醫的道理，他都能夠恰當的幫我翻譯出來，這讓我在整個歐洲的教學一路順風順水。

半小時的演講過去，當我在示範表演的時候，美好的音樂聲起，這一首象徵高雲之路的名為雲路的樂曲，將所有的人似乎都帶進了一種狀態，這種狀態就是「和氣」的狀態，和諧的氣氛的狀態，放鬆的狀態，美好的狀態。

聽眾們留言說，既是聽神秘的中華文化，又看東方兩美女隨樂起舞，真是賞心悅目，對中國人的美麗氣質和文化內涵，大開眼界。

結束時，掌聲雷動。諮詢和望診排長龍，久久才散去。

德國名作曲家靈感受啟發

有一位男士，一直遠遠的觀望、耐心的等候，終於輪到他來跟我談話。

他恭敬地說：剛才在你表演的時候，你知道發生甚麼事情了嗎？你的表演，讓我全身的毛孔都豎起來了，我從來沒有如此的一

在歐洲的課程。

德國音樂家感動作曲

種莫名其妙的感動！原來，他竟然是德國鼎鼎大名的音樂家。

他與我和白雁商量：可不可以再打功夫兩遍呢？

我們當時示範回春秘術和大雁。啓動著他的靈感，他一邊拍照，一面興奮地說：「我要給你們做一套音樂，你們願意嗎？」

這件事，真的很意外，也讓我們更加肯定了，之前我安排帶音樂練功的方式是正確的。音樂是有靈魂的。

這位著名的音樂家，願意付出他的音樂天才與我們的功法配合，讓帶功音樂更加有靈氣，真是我們由天而降的福氣。

不久，由德國出版的這套音樂，專門為我們配功的而創作。這套音樂 CD 片（*Elements of Rejuvenation—Qi Gong Energy Healing*），共有十個曲目都是專為我們做的。據說在德國也列入暢銷排行榜。

啟動心靈的光，啟動我們心靈的能量，讓我們健康快樂的秘密武器也在此中了！

合作研究能量轉化
「一滴血」

希臘文書出版

　　口碑像長了翅膀一樣，不僅是在德國，轟動還一直蔓延到歐洲的法國、英國、瑞士和希臘。

　　德國的著名出版社，出版了我的德文書。瑞士的美容防老機構向我諮詢關於如何能使皮膚和身材年輕不老的問題。

　　希臘的一對夫婦是做古董藝術生意的，他們專程到德國去上課，受益良多，熱情邀請我和女兒到希臘授課，並且引見了希臘的出版商，這對夫婦在百忙之中，主動義務為我做翻譯，又將德文書翻譯成希臘文，於是我的希臘文書也出版了。

　　印象最為深刻的是，他們帶著我去尋找大地的丹田。我當時非常的驚喜，原來在歐洲人的眼中，代表能量聚集的丹田，含義非常廣泛，廣大至整個大地，甚至延伸到整個宇宙，並不如我們如此的狹窄。

更讓我意料不到的是，歐洲人對於特異功能的了解和研究，比美國人更加的認同和深刻。一些學員會向我敘述和展示他們自己的神奇超能力，有的是屬於先天的，有的則是在向我學功之後出現的。每當敘述起來大家樂此不疲，掌聲十分熱烈。他們誠信和敬仰的態度，遠遠高於亞洲人。

因此，每一次到歐洲，我都有很多的機會受到他們的醫生、自然療法工作者、超能研究協會的接待，他們誠懇的邀請我到實驗室，一起進行科學研究。

一滴血診健康

當時最早研究一滴血診健康的，是德國博士 Dr. med. Maria M. Bleker。在我發功施展能量的狀態下，血液細胞標本產生了驚人變化，只見黏在一起已經失去活力的白細胞，經我發氣後，呈現活躍度漸漸分離，越發明亮起來。

我對這個研究十分感興趣，一九九三年再去德國，當面得獲贈他出版的書。為此，多次在一起就書中不解之處一一討教，以便請專人翻譯成中文版。我最早於一九九三年將其科研成果引入台灣，在數場演講會上，做了關於一滴血在測病和在施外氣後的變化，以此證實了佈氣的能量是真真實實存在的。

我們還有測試一滴水在我不同意念的狀態下發氣時，水的結晶產生的變化。

德國人早於八十年代已經將中國人的針灸治療法，變成電子化的針灸治療儀。他們的自然療法協會有上萬的會員，定期舉辦各種各樣的活動並且有自己的雜誌，我還到德國的黑森林去參觀那裡的反饋療法、磁場療癒法、人體能量測定儀等等醫療儀器的工廠，並且購買了很多的設備，用於我的美國健康中心。

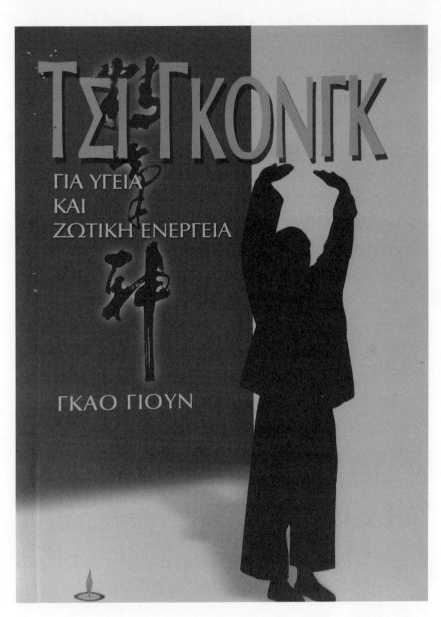

希臘文著作。

合作研究能量轉化「一滴血」

第十三章

東南亞奇遇紀實

因被邪魔攻擊來求助的，大有人在。在這多維時空的宇宙空間裡，有神就有鬼；有正能量，就有負能量。有正氣，就有邪氣。無論你信不信！

在聖經中有揭露魔鬼撒旦和邪靈真面目的章節，特別描述了魔鬼對人類的各種攻擊。

人的一生，所有的磁場相遇巧合，都是福緣或魔鬼的試探。無論走到哪裡，只要以正念救人，不收錢財，發揮靈性指引及高層次的療癒頻率，正氣浩然，其怪自敗。

夢迴鄧麗君

空間奇緣

洪先生夫妻在美國學習了兩段課程，回到新加坡，組織了一批朋友，據說都是新加坡僑界一些頭面的人物。他們專程熱情邀請我到新加坡。一九八九年春天，他們從機場接我駛往鱷魚潭附近的 Hawaii Tower，那是一幢高層豪華大廈，洪先生的家大約四百多平米，很寬大。

他打開一間房間給我住，裡面佈置得非常雅致。

洪先生說：我此生有幸，能夠招待兩位女神到家裡住。

他笑著說：鄧麗君曾經在我家住了一段時間，這間屋就是招待她的。我感到萬分的驚訝，鄧麗君？我心中的女歌神啊！她委婉動聽的歌聲和婉約的氣質，代表了東方女性的美的光華。七十年代初次聽到她的歌聲，我便著迷了，至今為止，只要唱卡拉 OK，我只會點唱她的歌。因為我覺得能夠讓全世界華人的心靜下來的，只有鄧麗君的歌聲。

聽到她的歌聲會讓人聯想到和平、純真、人間有愛。只聽歌聲不見人，曾經最大的幻想就是能夠見到她，參加她的音樂會。

鄧麗君在東南亞的推手

此刻我才知道，他是給鄧麗君錄第一首歌的人。他是音樂製作人，在新加坡有錄音室。鄧麗君曾經受當時新加坡總統夫人游莎芙的邀請，前往新加坡，又在東南亞展開巡迴義演，就此打開了她的國際樂壇之路，也奠定了她在香港、新加坡、泰國、馬來西亞、越南等地的巨星地位。

參加我課程的新加坡學員，大多是他的朋友和音樂製作的朋友。在閒談之中我才知道，我的偶像歌神鄧麗君，紅遍東南亞就是從新加坡、在這些人的幫助下起家的。太神奇了！太巧合了！我竟然在鄧麗君住過的房間。這是多麼奇妙傳奇的故事？

永遠的蘭花

接下來的幾天，有時間我就聽洪先生講鄧麗君。他告訴我很多鄧的故事。說她人不僅長得好看，為人和氣，舉手投足瀟灑利落，多種語言流水行雲，演唱會上受歡迎的盛況，她對聽眾互動，不論用甚麼語言提問，她都會用那種語言回應。

後來，鄧麗君在唱片公司的支持和策劃下，再次來到新加坡國家劇院演出。一九八一年在星洲國家劇場慈善場，部分門票的收入以贊助新加坡的文化活動。

從他的口中我才知道，這位偶像不只是歌聲甜美，她的美麗，還在於她有愛心，一直到離開這個世界都在做慈善事業，所以才有

人們永遠的懷念啊！當一個人走了離世了，千萬人懷念的，這個人就是精彩有價值的人生。

奪命疾病是最大的遺憾！

一九九五年五月八日，我與和女兒正在邵逸夫家，邵老本要留我們與他共進午餐，下屬慌忙來到他耳邊說了甚麼，我們察覺不便，便告退了。下午，正在香港中環，廣播中播放出了鄧麗君離世的消息，令我們震驚又悲傷！人的生命，竟然如此脆弱，活得不容易，走得太容易！女兒白雁，在大學打工的時候所有積蓄都用來收藏鄧麗君的大碟。她在加州大學聯合唱歌比賽第一名就是憑著學唱鄧麗君的歌曲。白雁在台灣的結婚典禮，女婿獻唱的就是《月亮代表我的心》。

鄧麗君是最後的蘭花，我們珍藏著她的記憶和歌聲！光彩奪目的巨星隕落，是最大的遺憾！是世界的損失！在紀念中和緬懷中，感慨萬千，只有生命，是無法挽回的！

見證：癌妻和我全身病痛不藥而癒　　　　馬來西亞學員陳先生

我三十歲如七十歲

我從小就體弱多病，到了中學更患上了脊椎側彎，心臟已偏向右邊，然後皮膚又變得十分過敏。二十歲出來工作的時候，我幾乎每個月都拿病假，不是傷風、發燒，就是皮膚過敏。我對某些藥物，蝦、螃蟹、味精，甚至於空氣骯髒、灰塵也會導致我過敏。發作時，身體真的是奇癢無

比，又像火燒，整個頭腫到像豬頭一樣，接著呼吸困難，最重一次還昏迷入院。因此，從小到大，家裡的冰箱總是塞滿了許許多多的西藥，出遠門時，藥一定要帶在身旁，吃藥對我來說也已習以為常。

隨著年齡增長，到了三十歲時，脊椎側彎更嚴重了，身體的免疫力也越來越差，人開始變得容易疲倦，睡也睡不好。記得一次和家人出門時，還沒走超過一小時，脊椎突然僵硬起來，痛到我直冒冷汗，一句話也說不出來，需要在一旁坐下休息，舒緩一下背部，在太太扶持下才能走動。唉！那時的我，看起來跟七十歲的老人家沒有甚麼分別，坐不能坐太久，站也不能站太久，真是一種折磨。

妻患癌症愁雲慘霧

二○○七年二月，是我人生最痛苦和失落的日子。平時身體很少病痛的太太，竟然患上了鼻咽癌，頓時家裡人一片愁雲慘霧。為了治病，花完所有積蓄，還跟老闆借了不少錢。看著身邊的人，日漸消瘦，華人新年初四還要帶著她去醫院做電療，那滋味真的不好受。

天使來電

二○○七年五月，上天為我們開啟了一扇門。遠在台灣工作的大舅子來電叫我們過來跟老師學功，就是這一通電話，改變了我們下半生。這是我們第一次來到台灣，為的是追求健康。當我第一眼見到老師時，就覺得老師儀表非凡，內心感動莫名。

練功篇

第一天上課對我來說，真的是苦不堪言。手腳好像已殘廢了，動不起來，很多動作都做不到，除了痛，還是痛。上完第二天，發覺排出大量的鼻涕和痰，練功出的汗其臭無比。在等待下週上第三堂課時，大舅子還特地拿了假期，帶我們去杉林溪和阿里山遊玩。遊玩的時候，需要走很多山路，太太剛做完電療不久，身體還很虛弱，我很擔心她累走不下去，她也擔心我脊椎痛支撐不了。結果，我們走了五個小時左右，竟然沒問題，真的太奇妙了！原來在這短短幾天內身體已改變很多，之前練功做不到位的動作也都能做了。

成果篇

這些日子以來，我身體的免疫力也越來越好，精神變好，體力變好，睡眠變好，我竟然一次病假也沒拿過。跟了我多年的過敏症，也不藥而癒，冰箱裡的藥物也一掃而空。最神奇的是我到了三十五歲之齡，還能長高二公分。其實，我最開心的莫過於看見太太的身體一天比一天好，身材還恢復到十八歲的青春時期。我們一家人，包括我兩位女兒、父母親、妹妹以及兄嫂一家人，陸陸續續都加入學習了。

感恩篇

感謝上天讓我遇到高明的老師，讓我們一家人的心靠得更近，讓我們更懂得珍惜彼此，讓我們一家人能夠重獲健康，讓我們能夠站出來服務人群，讓我的人生變得不一

夢迴鄧麗君

樣。感謝馬來西亞和台灣的所有助教和義工，你們是最有
愛心和最棒的。在此，要再次特別感謝大舅子，沒有你，
我們一家人不會完整。我會時時刻刻謹記著老師所說「以
功為本，德為先」，希望更多的馬來西亞人能夠加入白雁
大家族，讓大家能夠得到健康和快樂。

〔作者註：二〇〇七年，白雁帶了兩位馬來西亞學員到澳
洲見我。她說：「媽媽，這兩個人還很年輕，太太患癌，
我們要救的。您可否一見？」當即在一間餐廳見了面。席
間，我說：兩夫妻都需要救，先生的病更重些呢！他們帶
著敬畏的心回到馬來西亞，十二年過去了，他們如今已成
為馬來西亞白雁家族的領頭人。〕

見證：一個月戒除了二十幾年的煙癮　　　馬來西亞 Paul 教練

常年有固定的運動仍不健康

我的好朋友 Raymond 教練，像個媽媽一樣在我耳邊叨
唸，說功法有多好，他講得很認真，我聽的很不相信，找
了幾百種藉口給他，一年多後我看他始終不放棄，可謂苦
口婆心，就想該給這個人一次機會。

我常年有固定的運動習慣，每週都會打籃球，沒想過自
己會不健康，頂多就只是抽菸而已。但是，剛學「預備
功」，我就已經滿頭大汗，身體這裡不能轉，那裡痛的不
能動，每週運動的我竟然像個有故障的機器人，全身動彈
不得，也因為這樣，我完全被這個功法的巧妙征服了。

聞到自己就像個大煙囪

練功後，我的感官就像全面打開一樣，聞到自己就像個大煙囪，渾身菸味，還有一股陳年的濁氣，每練一次身體就像大掃除，整個人像煙囪一樣在冒煙，練完就覺得身體乾淨許多。有一天，我拿起菸又要往嘴裡抽，聞到菸草的味道自己忽然間就醒了，我問自己：又要把垃圾倒進去嗎？

從那天之後，我就再也沒抽菸了，一個月改掉了我二十幾年的菸癮，很神奇，也很划算，我從沒想過十幾次戒菸都失敗，就因為這個每天十分鐘的功法讓我擺脫菸癮，這是一種對身體深層的 understanding，這個 understanding 給我力量，讓我堅持對身體做正確的事情。

練功還幫我找回一個健康的腰，讓我重拾自主生活的希望與信心。我從事的是建築業，時常要搬重物，傷害我的腰和背，我彎不下腰，身體一累就會劇烈的腰痛背痛。我也在想反正就是老了，五十歲拿拐杖也只好認了。

醫生告訴我就是脊椎滑脫，以後生活會比較辛苦。沒想到練完 EnerQi 大雁三個月，一彎下腰兩隻手已經可以碰到地板，這對我來說真的是奇蹟，可以不用擔心每天要拿一個拐杖見人，走路不方便，生活沒信心。

也因為如此，我找到生命的核心，我很清楚自己要甚麼，要做甚麼，就是專一用心將我這個 understanding 的力量，傳播到每個人的心裡，讓他們為自己的身體、心靈做正確的事。

新加坡趕鬼談「邪」

在這個宇宙空間，有神就有鬼；有正能量，就有負能量。

被邪靈攻擊試探

第二天，準備去課堂講課，一件非常奇怪的突發狀況出現了！我正在換裝，突然之間，一個硬皮球在我的上腹內翻滾，這個球清晰可見，與七年前在全國代表大會上，被邪氣攻擊的情況是一樣的。眼看上課的時間就要到，顯然這是個邪怪的力量，來阻攔我去幫助人。為免主人擔憂，我把房門緊緊的鎖上，在裡面一陣激烈的搏鬥，將它驅趕出去。幸沒有誤時，見到了學員們期盼已久的笑臉和掌聲。邪靈變幻各種方式，企圖阻擋我去救助被病魔困住的人，它失敗了，我戰勝了！當然，對於邪魔的攻擊，我當時心知肚明。從昨天踏進洪先生家，已經感應到了。只不過忙著談鄧麗君的事。

鋪滿鋼網的窗

新加坡的課程進行得非常順利。洪先生夫妻，將我當作救命恩

人，忙前跑後，全心盡力照顧我的飲食起居。他們非常喜樂，告訴我說這是他們最快樂的一段時光。因為他們幫助了一些人，每一堂課大家都見證身體的改變，對於他們來說，都是不可思議的奇蹟。回家後，他們興高采烈地談論課堂上的現象。

正在他們興奮開心之時，我終於對洪先生發出了明知故問：「你所有窗戶為甚麼都架上粗壯的鋼網呢？」

其實，很多時候我的提問，是不需要得到對方回答的，我已經有答案了。只是我想藉這件話題，證實「皮球作怪」的事情。

鎮宅之寶

洪先生拉我到另一個房間，悄聲對我說：大師你知道嗎？我為甚麼要和太太跑到美國去拜見你，在遇到你之前，這個房子沒有辦法住下去了，我的太太好幾次要從窗戶跳下去自殺。我只好把每個窗戶都裝上了保險網。向外望有二十多層高啊！現在請你住在這裡，大師，我猜你是帶來了鎮宅之寶，今後沒有事了，對不對？自從大師來我家，太太睡得特別香甜。這幾年從來沒有過。

想起半年前，在美國初次見面，我便發現洪太太是典型的憂鬱症。所以，課堂上有幾次佈氣時，她曾經幾次嚎啕大哭，全身冰冷躺在地上，手腳抽筋，濕濕的，陰冷陰冷的。

如今住在他家裡，看到窗戶的設計，我更加相信洪先生的苦處。

受邪靈纏身三年

過了兩天，有一位學員特別來拜託，希望能夠搭手相救一個病

困三年的人。

他說，在新加坡的華人圈，有一位先生，本來事業很成功，但是現在被困在了家裡三年，不能出門。不能出門工作，吃的反而超多，妻兒生活陷入困境。

我問道：為甚麼不能出門？

洪答：他在房間裡甚麼事情也沒有，能吃能喝能睡，就是不能出房間，只要邁出大門，立即昏倒在地。屢次試著衝出門，不能邁出半步，否則，非常危險！

他們還有孩子要養，生活沒有經濟來源，如此下去該怎麼辦？我決定出手相助。

遠遠的陰氣就顯現了！

洪太太和另外一個女助教陪我坐在車子後座。車子駛進入了一條街，上天的訊息帶著強烈的訊號送給我第六感。我便順口對駕駛人說：是不是巷子尾端門口掛著大紅燈籠那一家？司機一驚，點頭稱是，以為我們之前來訪過。洪太太當即全身發麻，說嚇死人了，我們還是不要去了吧，大師，你看到甚麼了？太準了！就是那間屋！

他們似乎感覺到這件事，有點蹊蹺，大師的天眼一定看到了甚麼問題。

趕鬼紀實

進入前廳，四位隨從靠門站著，誰也不敢坐下。傅先生由內屋走出來，形體壯碩，但是面色青綠，面部的表情如同木偶，雙目閃

躲，不敢看我。

我正視他，問：你叫甚麼名字？

他回答：傅大焜。

你的焜字是甚麼坤？

他回答説：火字旁焜。

我用命令口氣説：從今天起把名字改了，去掉火字。改為土字坤。

他變得神情惶恐，我説：為甚麼你不能出門？回答説：有一根長筷子，插我的喉嚨裡。

與鬼交戰

我突然變臉，大聲吼叫他的名字，厲聲大喊道：你給我跪下！

我的喉嚨發出的這個聲音，是男人粗獷的野蠻的吼叫，所有人驚得後退，他隨即撲通一聲跪下了。

我的眼睛直厲地瞪著：看著我的眼睛！他眼中，我看到另一個求饒的空間物閃現。

就在施法術的刹那同時，林太太和另一助教，逃奔到屋外狂噴嘔吐。

事後兩人告訴我，他們同時清楚地看到一邪靈從傅先生身上跑出來，一陣刺骨寒風飛過，才會突然嘔吐！

從跨進房間到離開，大約三分鐘，我們撤離，一路上大家誰也不説話，體貼我的辛苦。兩位女生臉色還在慘白，兩位男士也被嚇壞了。

正氣浩然，其怪自敗

新加坡的課程結束了，學員們感謝我，辦了一場謝師宴。聯歡晚會快結束的時侯，主持人非常興奮的拿著麥克風，說：大家靜一靜，今天有一位特殊的人來了，一定會給大家帶來驚喜。他雖然沒有參加我們的課程，但是他今天特別趕到會場，是專門要來向救命恩人高雲大師致謝的。

向門口望去，傅大坤已經在門口畢恭畢敬地向我深深地鞠躬，接受大家熱烈的掌聲歡迎。他告訴大家：高大師一陣風，就把卡在我喉嚨的筷子拿走了，我現在可以重新工作了。

可想而知，當時的會場討論的熱烈程度。在這個世界被邪靈纏身真恐怖呀！

甚麼是邪靈的干擾？

一般人難以理解飽受邪靈干擾的人們，那種無法言喻的痛苦和憂鬱。有的人幾年，十幾年甚至一生都被邪靈捆綁住，不得安寧。他們不敢告訴別人，沒有人相信他們，沒有人理解他們，只有用自己軟弱的靈魂和邪靈抗爭著，過著人間地獄般的生活。邪靈的干擾方式有多種多樣，目的都是使人不得安寧，靈魂極其疲憊，身心受到嚴重傷害，

更多離奇的證明──有神就有鬼

新加坡這一段趕鬼的傳奇，並非獨立事件，因著人的信任，這類事不斷地被我遇到，從美國、巴西、日本、馬來西亞和台灣，還

有更多離奇的真實案例。

　　無論你相不相信，很多被邪靈附體的病，確實是存在的。很多人會想：這種事，想躲避都逃不掉，為甚麼要去碰呢？

　　是的。當事人必定是痛苦無路沒辦法了，凡有辦法，就不會來找到我。我的出發點是甚麼？救人還是斂財？以救人的正心正念，必定其邪自敗！若我可以救，而袖手旁觀，或以此斂財，就是假聖人。遇到了，出於憐憫的心，不顧惜自己的損失，完全是出自功德心，而且絕對分文不取。

　　我相信，在這個宇宙空間，有神就有鬼；有正能量，就有負能量；有正氣，就有邪氣。無論你信不信！聖經中有揭露魔鬼撒旦和邪靈的真面目的章節，特別描述了魔鬼對人類的攻擊。

　　人的一生，所有做過的事，人在做，天在看，趁著在世，多積功德，光明磊落，正氣浩然，其怪自敗。只要正氣滿滿，邪不壓正。

見證：邪魔終於遠離我　　　　　　　　　　台北張正孝

　　不知為何，也不知何時，我中邪魔了，不吃不睡，自知離陰間不遠了，高老師戴著墨鏡，用嚴厲的聲音，大叫我的名字，然後一個掌心雷，只覺眼前一束強光，把我撩倒在地上，家屬告訴我，我睡了十四天，醒來恍如隔世，邪魔遠離，面色轉紅潤。此生我真是遇見仙人了！您是我全家的救命恩人吶。

第十四章

香港「回春緣四十載」

七十年代末，我首次由香港發出呼籲：「衰老是可以延緩的，青春是可以無限的。」四十年的時光驗證了我的論點和豪言，延衰二十年絕非夢想！

香港中文大學邀請演講並贈送紀念獎牌，香港無綫電視翡翠台、明珠台直播名人專訪節目，香港電台連續播放半年「高雲健康講座」。

同時，也為香港霍英東家族、邵逸夫及陳廷驊等擔任健康顧問。

首度呼籲倡導回春有道

四十年前於香港，首倡人類可延衰返春

一九七八至二○一八年，經歷整整四十年。四十年前，在香港首倡「回春有道，延緩衰老」，現在用四十年的時間驗證了我當時的論點和抗衰老豪言，是可以實現的夢想！

我就是要證實一個真理：在人生艱難的征途上，有一條新的路可以走，那就是「自主生命，用整體健康延緩衰老」之路，因為它能夠帶領我們：實現美好夢想，展現精彩生命。

在七十年代末，尚未改革開放的年代，我在挖掘千古養生法時，大膽率先提出「回春抗老」有道，我希望這個倡導能夠造福人類，礙於當時有「性」方面的論述，屬國情的禁區，轉而於香港發出這個呼籲，於一九七八年在香港發表專題文章，從古往今來人類衰老的規律和認知，講述道家秘功的原理，倡導「延緩人類衰老的新途徑」。文章首次發出呼籲：「衰老是可以延緩的，青春是可以無限的。」

上世紀八十年代，我將對回春秘功的研究和自身實踐開始傳揚於國際。

最值得回憶的事

八十年代初，香港中文大學邀請我演講並贈送紀念獎牌。同時香港電視台、無綫電視台也直播我的專訪節目。

香港中華廣播電台之聲，連續播放半年「高雲健康講座」。

我曾聯手《光明日報》社長盧雲，以「二雲」合作擔綱主編，編輯了一套中華精英叢書，得到三聯書店副牌南粵出版社潘耀明副總編輯大力支持，在香港出版了有史以來，第一套論述「醫學與科學氣功」的精典著作。

我們嚴選作品，旨在對千年古人養生文化，以人體生命科學和現代醫學的角度去詮釋。我首負責撰寫叢書的第一冊，出版時由出版社舉辦了演講簽名大會。

潘耀明副總編輯，有高度的文化理想和抱負，他因工作過於緊張勞累患失眠症，我為他調好了，舉手之勞。未料，四十年後，在香港相見甚歡，他不但早已幫助我的女兒白雁，為她的書寫序，還為我即將付梓的新作，寫了一篇《她的生命如一朵蓓蕾》，以示感念之情。該文將作為序，放在我的《八十不老揭秘》一書中。

慧眼識英雄的金庸，後聘潘氏進入《明報》系統，擔任《明報月刊》的總經理兼總編輯。現今他也是香港作家聯會會長，為華人的文學事業，繼續發光發熱。

續緣香港是「回春有道」的總結

從上世紀九十年代，我每年必到香港，是因為邵逸夫爵士的邀約。他曾親自前往台北，特別邀請我到他在清水灣的家中，討教養生之道。此後多年定期赴港，任邵氏等名人的健康顧問。後來他顯然氣路歸正，元氣提升，返老回春，最終長壽達一百零七歲。他肯定地公開對媒體說，自己的長壽與練氣功有關。

四十年之後的今天，我再次應三聯書店之邀，在香港出版《八十不老傳奇》和《八十不老揭秘》等系列，揭開防衰抗老延壽的歷程，給世人留下我一生研究養生的經驗，以詮釋中華文化的瑰寶。

這一系列出版物，恰好是我四十年前倡導「回春有道」的總結，驗證了我之前的論點和豪言，是可以實現的夢想！

只有健康的活著，有貢獻的活著，才是精彩的活著。

活出不老神話
——香港師生晚宴講話

　　我們活著，要有不同層次的活著。只有健康的活著，有貢獻的活著，才是精彩的活著。

　　一個人生命的軌跡應該是這樣的，就是：活得久、病得少、老得慢。

　　你要甚麼樣的生命軌跡是你自己選擇。

　　有的人說：生老病死是人的規律，擺脫不了的，我們能做到嗎？今天我就是要向你們展示，早已過了古稀之年的我，已經做到了，證明這不是一個口號和夢想，而是人人可以實現的可行的道路。因為我用了五十年的探索，用半個世紀的實踐，用數十萬人的成就驗證了：病痛可以消除、衰老可以延緩、壽命可以添加。

衰老是人生的死穴

時光，對每一個人都是公平的，歲月是殺人的鋼刀，健康是最大的財富。短短十年，可以變成中國老媽，也可以成為不老女神。

我來不及年輕，二十歲沒有青春，四十歲逆齡回春，六十歲凍齡葆春，八十歲就成了傳奇之寶！

探索回春的秘訣，是我一生追求的方向，美麗與青春，是一場長跑。它不屬於某個年齡階段，而是整個人生。從外觀和內部機體健康狀況都比較同齡人年輕至少二十歲，享受無齡感的喜悅。

所謂回春就是以自然的力量返春

原來沒有青春，隨著年齡增長，反而更加年輕，這叫做「返回青春」。

有了青春，怎樣延緩衰老的腳步，讓時間停格，凍齡不老，這叫做「永葆青春」。

雖然外觀可以用整形外科解決，但是身體內部的健美，只有靠健康的身心靈。人的健康狀況是靠人體本身所具有的調節修復系統來完成的，而不是靠外部因素，外部因素只能起輔助作用，但是手術會破壞了經絡的正常運行，如隆胸、腿及腹抽脂、面部整容等。

在美國講課的時候，有一天，一位美國白人整形外科醫生，在別人見證我的 S 形身材時，突然站起來說：我從專業角度說，全身都可以整形的，唯獨人的手是不能整形的，大家看大師美麗的手，就知道她一切都是純自然的。

腰圍是健康的尺度　手是健康的地圖

同學們喜歡偷拍我的後背面照片，為了秀給親友看，炫耀我「八十轉身十八」的小腰。今天，我再把兩隻手，秀給你們看，來和我比一比？手的年齡，掩蓋不住人的衰老年齡。若手背青筋浮現，是身體中有各種淤血、痰濕、熱毒、腸毒積滯等生理廢物不能排出體外，就會導致全身各個系統都發生障礙。此時在臉部、腹部、腳部，特別在手掌和手背的青筋就非常明顯。

青筋就是人體的積滯。手上畫滿了血管的硬化痕跡和黑斑，手指的骨骼已經開始變形，指甲也暴露你的健康危機。我已經聽到很多聲音在說：不比不知道，大師的手好漂亮，自己的手好醜啊！不要怕，我們的入門第一式抖濁和經典動作顫掌式，就是非常好的放鬆疏通手部血管的辦法。

相約：「不到九十九，誰也不能走！」

今天，我所具有的一切養生智慧，都是從我本身對病患的真誠心、清淨心，憐愛心中生出來的。用五十餘年的時間，編創十四套整體健康法，為達到效果，自己每天身體力行，以童心、龜息、捨愛，勤動，在長達半世紀的助人重返健康青春中，享受每一天的快樂青春。

八十歲活出不老神話。人生一世，終歸塵土，就算有一百年光陰，也不過歷史長河中的漣漪。因此，人要活得有明白，有價值，有貢獻，以自己的能力轉化出來的效能，表達對社會持久的關愛。

今天，你們認識到，人類生理年限是可以活到一百二十歲，所以六十歲的人你們才到中年。你們看到了，我八十歲才到中年呢！

如果你四十歲就到中年了，就是提早衰老了，幸好你們搭上了延衰抗老的列車，我堅信並祝福各位，讓我們一起活出不老神話，在此，我們相約：「不到九十九，誰也不能走！」

見證：讚大師青春　　　　　　　　　　　香港白雁辦公室

二○一五年六月十九日香港白雁家族五周年慶活動，大師出現在會場，即興演講內容：「永不衰老的秘訣」。

大會後，辦公室抄了幾段留言：

「大師的出現，讓所有的參與者興奮非常，因為：榜樣的力量是無窮的！大家看到了，那美麗的傳說變成了現實，出現在眼前！我們得到極大的鼓舞，對於健康延壽回春，信心倍增。」

「大師母女都是凍齡美女！」

「二十年前人人稱讚像姊妹，二十年後還是像姊妹。」

「大師是絕代風華，絕代佳人！」

鄭莉澄說：「大師是二十一世紀養生風雲人物。」

金哲穎說：「越來越年輕的姊妹。」

周玫玲說：「能夠近距離的看到大師的風采，真是我們的福氣。」

吳佳晉說：「宇宙無敵超級凍齡雙姝！」

邱同學說：「無論時光流轉，依舊優雅美麗的不老童話。」

歐陽叔貞說：「我二十七年前見大師，大師的風采韻味永遠那麼迷人！」

近八十歲的大師，走路如孩童般蹦蹦跳跳。穿著迷你超短裙，腳踏四吋高跟鞋，和我們一起唱歌跳舞。展現充滿精氣神的青春風華，她是我們所有人心目中的標竿！

香港霍英東家族三代緣

只有去愛並讚美愛，
才會發現人心中的美好。

與霍英東家族的往事

回憶與香港結緣四十年的歷史，我要感謝香港的緣份。香港對我，是走向世界的第一道春風。

因此，不得不談到與霍英東家族三代人之間的往事。

任中國全國政協副主席、全國人大常委的政府要職的霍英東博士，是首位躋身國家領導人級別的香港人士。他有愛國商人稱號，一生酷愛體育，曾為申辦亞運和奧運慷慨解囊。「敢為天下先」的霍英東，跑在鄧小平改革開放的最前列。大約是一九八三年，霍英東曾於北京飯店面見我，他穿著很普通，為人很謙和。我們探討他當時遇到的健康問題，他的醫生判斷當時的狀況，估計只有三年存活期。我提出如何以氣功抗癌的建議。之後，他在北京接受中西醫結合氣功佈氣的治療，成功抗癌。在當時的年代，淋巴腺癌能夠延續二十餘年，可謂創造了奇蹟。

他很欣賞我在這一領域的作為，後來，我於一九八六年到香港

與香港中華商會總會長霍震寰暢談健康及太極功夫。

時，其子霍震寰便到酒店見面並招待我。霍震寰給我留下的印象幾乎完美，他謙虛博學，氣質非凡，顯然是接受過西方高等教育，為人繼承父親的風範，給我留下踏實誠懇的深刻印象。當時我們曾談及武術與氣功在內地的大風潮，他說他也在練太極，我記得好像是內家拳。還有在內地建溫泉養生和高爾夫休閒活動，他給我的感覺，和他父親一樣，注重「以德為先」的健康產業。他現在任香港中華總商會會長等多種要職。

二〇〇八年霍英東之孫，超可愛的霍啟剛，特別請我到番禺南沙俱樂部吃飯，參觀屬於霍家產業的健康事業機構。可見霍家三代人，始終非常重視和大力資助中國的全民體育及健康事業。

任邵逸夫爵士健康導師

三人行必有我師

香港影視界大亨邵逸夫爵士於二〇一四年仙逝，享年一百零七歲。在我與邵逸夫接觸的二十四年中，都是亦師亦友的關係。

邵逸夫享盡天年，一生慈善，奉獻社會，高壽安寧離去，音容笑貌依然迴蕩在我的眼前，他是我們養生大家族的榜樣，也是我所見功德的樣板，這樣的人離去，留給我們的是無限的追思！值得我們共同紀念他！

我常常對學員說：三人行必有我師，我的學員個個都是我的老師，在他（她）們的身上，我學到了太多的珍貴經驗；能活得長壽者，更是我的老師，邵逸夫就是我暗自敬佩的長壽師表。

沒有江湖氣大不同

九十年代我到台灣進行全省大型演講會，三台電視及媒體多方

報導。有一天，遠東企業的楊先生邀請我到酒店去，他說香港的邵逸夫爵士到台灣來，希望與您一見。因我太過繁忙，每日都有三至四場活動會見。

只記得此人的氣質有仙風道骨之感，他說：我是練氣功的，氣是甚麼感覺呢？我未答，只請他坐在一張椅子上，向他佈氣，以我的功力回答他的提問。

當我的手舉到他的頭頂這一瞬間，忽然，椅子搖動了起來，甚至地板也晃動了！他閉著眼睛，感覺到非常神奇，連連驚呼：大師的能量太不可思議了！待他睜開眼睛，恍恍惚惚，說：氣感太強了！

我卻慢條斯理地對他說：剛才我腳下地板也搖動了，剛好是有一個小的地震，我的能量還沒有能夠搖動地球。他抿著嘴笑，如同望著女神一樣的仰望著我……這是與他第一次的接觸。

事後楊先生告訴我：邵爵士多年喜歡以氣功養生，曾求助於多位大陸氣功師，但他專程到台灣來拜師求見，還是第一次，因為他早年就知道我研究道家養生長壽術，但並不知道高雲大師是個女性。更不知道高雲大師是如此的誠懇和真誠，他說這位大師與以前接觸的氣功師都不一樣，抱負和內涵都令其讚賞！他誠懇地邀請我到香港，希望得到指教。

在清水灣邵氏家

事隔幾月，香港機場出海關之後，一輛黑頭車來接我，車牌是六六六六，才知道他是六爺，車沿著蜿蜒的山路，直達清水灣嘉樹路山頂豪華別墅，邵逸夫早已笑咪咪地站在客廳迎接，當時天氣並不太冷，我穿套裙，他穿著一款中式黑色棉衫，潔白的挽袖。握手時，感覺到對方的寒涼之氣很重。

待坐定，方逸華女士來了，她氣質很好，待我周到，吩咐傭人備餐。之後，就離開了，並用手指下山方向的另一所別墅，說她住在那裡。

邵逸夫告訴我，他靜坐二十年了，從枯坐到入定，為的是修煉一個靜字，人間太繁雜，非靜不可！但是，靜坐不易得氣，得氣又易出偏，他有很多的困擾，主要是感覺寒冷，氣不歸路。不用多說，我早在初次見面時，就已發現了。這正是我立志改革古氣功的原因，我教他幾式功法，他很感興趣，學得認真，在我發氣給他驅寒時，眼淚清涕暢流，寒氣隨之排出……

女師父獨你一位

他很高興地說：過去請教過很多男師父，都是講打坐。女師父獨你一位，你的新法動功我也是第一次見。你和別的氣功大師不一樣，沒有江湖氣。你功夫高，還會發氣點穴通脈。

我說：我是從學醫的角度講的，是整體健康養生學，包括身心靈和飲食自然療法等全方位調節身體，我的新氣功療法，只是我整體健康學的手段之一。

根據他當時的身體狀況，我首先傳授給他以動功升陽和排寒除濁法。我對他講了道家張三豐的《無根樹》：「無根樹，花正孤，借問陰陽得類無？雌雞卵，難抱雛，背了陰陽造化爐。」並用陰陽轉換之道理，說明我給他傳授的「升陽之法」，就來源於道家的理論。他覺得對症，非常信服。

在就餐時，眺望著清水灣靜靜的水面，他點頭笑著說：做人要有品牌，做事要有名牌，你就是名牌。談話間，我討教了他餐桌上一些食養的學問。其中印象最深的菜是「菠菜泥」和「螺片湯」。

我的長壽與氣功有關

當年他已經是近九十歲了，之後蒙他多次邀請我去香港，為他指導養生養氣之道。我告訴他，道家說：「無根樹，花正孤，歎迷徒，太模糊，靜坐孤修氣轉枯。」所以，必須練我的動功以升陽氣。他說自己每天都很認真地在練我所授之法，並且顯著地改正了氣路。

於是，再一次去，他又介紹了香港紡織大亨陳廷驊，一起聽我講法。他們都是長期靜坐無法突破。

邵逸夫能活至一百零七歲，他公開說與練功有關係，但是過去只是練古法靜坐，年紀大了，元氣不夠了，氣路便不通了，經過我發能量打通他的督脈，並習練我的動功，以動靜相兼，調正了氣路。元氣順暢了，之後的幾年，冬天不懼寒，氣色顯然轉紅潤。他晚年每天堅持我的動靜相兼法，以我的動功十五分鐘調動陽氣，然後練他的靜功三十分鐘，達成陰陽互補。得以晚年將近十八年健康生活並達高壽，乃得益於練氣修性。

在相處的時間裡，他永遠是微微的笑著，非常耐心的、認真的聽我講每一個細節，聽我講話，不時地抿著嘴點點頭，那一份沉靜，那一份淡定，那一份內斂，以及對我的尊師態度，這不是一般名流及卓有成就的人能做到的。是對人生大徹大悟的表現。

他不是最富的人，但他絕對是能夠謙卑下來身段求教，最有思維和認真堅持的人。

見證：大師令我身心靈全面回春

香港專業公關推廣行政人員、業餘瑜伽導師盈望

自幼多種病痛纏身

我從小體弱多病，吃藥多過吃飯。小時候有過癲癇症，而且心肺弱，不能上體育課，因隨時會暈倒，媽媽也花了很多精神及金錢，帶我看過很多醫生，吃過很多補品，但身體一直沒有很大改善。

長大後，我基本上五臟六腑都有問題，長期支氣管敏感，每年咳嗽持續九個月，患有哮喘、胃痛、脂肪肝、腎虛，每當冬天，睡覺時需要穿羽絨、戴頸巾、手套、襪子，在被窩裡仍不覺暖，待明早睡醒才感覺身體有些溫暖，而且手指腳趾經常長凍瘡。

活得很辛苦，隨時會窒息

每當天氣轉變，我都很易感冒，每次吃中藥總要四星期以上才痊癒。更甚者，原來我患有睡眠窒息症，會隨時在睡覺中因呼吸受到障礙而斷氣死亡。

因為身體，影響了工作，但因好勝心強，只能用意志力撐著。很長一段時間，凡星期六日都會病倒，但到星期一便可返公司工作！

無奈下，自二○○四年開始不斷訪尋適合自己的方法，但縱使自己成了兼職瑜伽導師，所有高難度的式子也能駕馭，也未能解決體內的問題，更曾經在初期學習瑜伽時因深度後彎而暈倒了。

263　　　　　　任邵逸夫爵士健康導師

大師徹底改變了我的體質

自從二〇一四年初學習了高雲大師獨創的能量學後，已經很多年沒有感冒，近年去身體檢查，所有指數正常，經常出現的氣管敏感、哮喘等，也沒有了；學功前吃了藥也會經常發病的睡眠窒息，已再沒有發作了！冬天，我只要練習回春抖功，分秒不用，身體便立即溫暖起來！冬天晚上睡覺也只需薄薄的被便足夠了。

以往我的脾胃一向很差，無食慾，心情欠佳，每每厭食，有時吃多了便會肚瀉，一日三餐只是為了打發基本需要，但實際上是食之無味，而且經常胃痛。

二〇一四年初接觸高雲大師所編創的五禽戲，練完專治脾胃的猿戲後，當天脾胃大開，立即和姐姐到酒店吃自助餐，吃得津津有味，而且沒有肚瀉。自此之後，我才開始懂得享受美食，不再感覺「吃」是滿足生理的需要！我的姐姐與我剛剛相反，她以前吃甚麼也不知飽，不停地食，但人越來越瘦，自從練了猿戲後，她才有「飽」的感覺，知道要適可而止！

堅硬深綠色痰全排出

記得我在學習大雁初級時，當時身體有很大反應，不斷吐痰，但經過多次練習後，所有體內的痰都吐出來，痰由堅硬深綠色，慢慢變得淡軟淺綠色，再由泡泡（如洗潔精般）變成一般白色的痰，之後身體感到很舒服，感冒自然消失了！

驚喜發現三十幾年黑痣自動脫落

更為奇蹟的事在最近發生了！我背部有一塊大黑痣，跟隨著我已經有三十幾年了，但二〇一八年五月五日學大師親授高級功法，大師給氣時，我突然間伏地痛哭一場，大師走過來，撫摸輕拍我的後背。回港後，六月二十八日，突然驚喜地發覺該黑痣竟然不經手術刀，自動脫落了，完全無痛！而且多年的胸椎側彎的問題也自然調整了，大師的功法實在好神奇！我姐姐也因為練習大師的功法，人變得開朗樂觀，很少愁悶憂鬱了，練功帶給她無限的正能量！

長髮過肩職場順遂

由於身體大大改善，我的頭髮也從以前短小枯黃乾燥開叉，到現在變成長長烏黑光澤柔順的秀髮，長髮披及腰間，也頓時令我變成青春少女，回春了不少！被同仁讚歎皮膚越來越白，頭髮越來越黑，甚是開心，這是我從小夢寐以求的！

藉此機會，我要感恩高雲大師，讓我得以重拾健康，令以前與藥為伍疾病纏身的我，得以遠離病魔，人生重拾色彩！隨著身體好轉，脾氣也變好，工作及環境氛圍也越來越好。現在，我工作越加忙，越加奮力練功，以加強自己的自癒能力，腦袋更靈活運作。

我終於明白，沒有改變不了的體質、疾病，唯一要加強自己的生命力。因為高雲大師倡導的「五療」，正是繁忙都市人所需要的，既全面又科學！

　任邵逸夫爵士健康導師

第十五章

台灣三十載　蔚成風尚

數百場宣導「整體健康，發動正氣」的演講會，迅速掀起了高雲、白雁養生風潮。台灣各界名人趨之若鶩，齊聚養生潮。奔勞三十幾國傳道演講，台灣給我的感受完全不同。從北到南，小島處處散發著溫柔與真誠的光，故而台灣扎根三十年，她早已是我的家。

各界名流齊聚

　　一九九○年，我受邀請到台灣。當時兩岸三地剛開放，作為首位由美赴台的大陸國寶級養生專家的到來，對於台灣人來說引起轟動乃是必然。

　　記者招待會大約有七十餘人。我的形象和讓他們當場感受發氣的能量，有如天方夜譚，又如現代化的神術妙法，對於他們來說非常好奇，各報刊雜誌便鋪天蓋地爭相報導，引起社會廣大關注。

體貌印象　別開生面

　　幾乎所有的見於報章的採訪報導，都是由我的體貌印象描述開篇的：「五十歲的女大師，無施脂粉，面容姣好，身材婀娜多姿如二十歲。又如現代化的神術妙法，難以置信但又實在的超凡功力。」

　　在台灣，蒙新聞媒體大力支持，《中央日報》和台視文化多次主辦演講會。《中央日報》連續半年，以整版篇幅刊載「高雲教

室」。因為銷量很好所以連續刊載了一年。在這一年的連載中，每一篇文章包括各種疾病的表現和消除疾病的方法，和來自於學員們於不同疾病痊癒的見證。當時的台灣只有三台電視：中視、華視和台視。當時被幾位著名的主持人張小燕、巴戈、張雅琴等專訪，並多次參加綜藝節目及專題訪問節目。台視文化傳播公司和《中央日報》多次作為主辦方，組織大型活動。每班需提前半年報名，台北師範大學的大講堂，每週末排滿四班，熱鬧非凡。

為了讓更多的人受益，台視文化錄製並出版了三種影像教學片：回春功、降壓功、明目功。為老中青少提供在家自修五分鐘的強身健體法。

各界名流齊聚養生潮

當時高層長官孫運璿、唐飛、蔣緯國、陳肇敏、劉松藩，中央銀行的兩屆行長梁伯樹及彭淮南行長，都有參加。

「企業團體健康管理培訓」包括：中華開發信託班、台北市警察局班、空軍將領班、空軍官校班、統一職棒班等等。

著名企業總裁董事長聯合班，得台塑集團王永慶一家的照顧，住在王永在的家中。中鋼集團、國泰集團蔡宏圖、新光集團吳火獅家、遠東集團、聯合報系董事長王友蘭等，都曾先後加入了修習。

也得海基會辜家多年往來關照，統一集團總裁林蒼生多年習練我的功法，並以其發表的文章代為問候，分享心靈感悟。

當時任高雄市長吳敦義、立法院長王金平到演講大會致詞送花祝賀。時任台中市連任八屆的立法委員洪昭南監察委員全家出動，安排照顧我在台中的吃住及講課，連續十餘載。

生命中的貴人們，造福健康的功德，是台灣給我的厚愛，更多

台北記者採訪盛況。

各界名流齊聚

的是感受到真摯的情誼，人間的溫度，謹記所有支持過我們的人，在此一併感恩，永不忘懷！

報導：五十多歲儼然二十許少女　　　　　　　　記者陳榮宗

簡直難以相信眼前這位婀娜多姿的妙齡女郎竟然就是享譽中國大陸、南北美洲及台灣等地區的著名女大師——高雲。

人家說：「行家一出手，便知有沒有」，單是先看她光潔潤澤的皮膚、彈性十足的玲瓏身段、綿細柔亮好比黃鶯的嗓音，以及予人如沐春風的氣質，就可知大師絕非浪得虛名，五十二歲的人竟然青春直賽雙十年華的少女，確實令人嘖嘖稱奇。一般人總覺得是江湖把式，但看到她這個活生生的例子，你還不得不信氣功之玄奧呢！

內練一口氣，外練筋骨皮

「其實，每個人身上天生都有一股內氣，它是人體生命活動的基本動力，而鍛煉氣功就是要把這個內氣調動出來，達到養生強身、醫療祛病的功效。」高雲氣定神閒的表示，一個人只要筋絡暢通，氣血運行，氣好了、氣旺了，不要說是美容青春了，連頭腦都相對的會敏捷起來。特別是現代人，由於居住環境的惡化、飲食的多樣化、以及生活壓力等等因素，引來不少看得見或者連醫生也查不出病因的病症，因此高雲鼓勵大家要及早「內練一口氣，外練筋骨皮」，練得精、氣、神俱足，心情自然開朗，頭腦自然明晰，所謂煩惱斷、思維健、智慧開的健康境界便不請

自來。高雲說練習氣功的好處多多，「甚至以往沒事喜歡唉聲歎氣、怨天尤人，或動不動就跑去算命問卜的人，練了氣之後，自信心增強，認知自己才是生命的主宰，也都變得樂觀進取起來。」

養氣練氣，彷彿銀行存款

由於名氣在外，高雲所到之處，不論是達官顯貴、名流巨賈或自己課堂上的學生，見了她就像見了寶一樣，請求高雲發點兒氣治病強身。不管貧賤富貴，不論千人百人，高雲也總是充滿愛心為有疾患者發氣治療，因為救人是她終身的志願之一，不過她語重心長的套句自己師父當初給她的警語說道：「今天我救得了你一時，救得了你一世嗎？」你總不能拎個隨身包大夫天天在身邊吧！所以高雲認為靠別人救急救難是一回事，更重要的是自己把這項自我身心健康法練好，變成自己的資本，就像銀行的存款，好氣存的越多，表示財富越豐足，妙的是這項投資還只賺不賠。

先天與後天的巧妙安排

高雲會發願普救眾人永不怨永不悔，說來也有兩段故事。其一頗玄奇，當時高雲才十二、三歲，得了一種類似風濕性關節炎的怪病，天天疼痛，痛到免上體育課，父母延請名醫開方，不料此帖中藥一吃，卻使高雲足足昏睡了兩天一夜，當再醒來，就莫名擁有替人治病的能力。

第二段契機則是高雲大學畢業後即被發放到田裡勞動鍛煉，因為對艱苦生活的不適應，得了一身病，苦不堪言，感歎自己學醫的卻救不了自己，後來聽說山上有道長高人

可以灌氣替人治病，所以就上山求救，就在先天與後天的巧妙安排下，高雲立志把古老氣功科學化、醫學化和學科化視為終身職志。

絕非江湖把式

她應邀到美國西雅圖醫療中心及加州大學空間意念感傳中心，和他們的科學家一起研究氣對人體、生命及在宇宙間的各項奧妙，並開專門課程教學。互相切磋之後，使得她不得不感慨自家寶物別人倒更熱衷及尊敬！而國人看「氣功師」彷彿也還只停留在「怪力亂神」、「玄妙之術」上打轉，因此略帶幾分北方人特有的豪情俠氣的高雲率直的表示，自己有時候並不喜歡被人喚做氣功大師。因為她主張全方位整體健康法，她說自己研究的是「人體生命科學」，除了氣功之外，還研究開發人體潛能及身心靈統一及食療等，氣功只是她所展現一部分功能手段而已，並不能代表她的全部知識和主張。

她在融合中醫及其他如氣血論、陰陽學、八卦、易經、氣化論、經絡學等並細細鑽研卅年後仍發現它的艱深之處，在於拯救人類的心身健康，而絕非一般的江湖把式耳耳。因此氣功師或許比比皆是，但像高雲這樣擁有豐富的學識涵養、具有醫生的資歷以及學科化的教育系統的女大師，目前世界上也只有高雲一人。

勿須胭脂花粉，其味自香

以五十二半百之齡，望之儼然青春少女，是甚麼使高雲看來如此年輕？

台灣傳法二十周年講話：生命貴在覺悟。

　　　各界名流齊聚

前面提過高雲以五十二之齡，仍保有少女青春的體態最是羨煞人也，十分好奇其養生秘方？高雲輕盈地笑著說：「相信嗎？我曾經是一百四十五斤郵筒身材、全身是病、面色蠟黃的胖姑娘。自三十歲行住坐臥都不離養身心，使我如同脫胎換骨般，整個人變得更年輕活力，眞是有如倒吃甘蔗的甜蜜和喜悅。」

高雲說要青春永駐是人的夢想，她研創的回春功，就是千古道家秘訣，可以使人延緩衰老，返回青春。加上在飲食上少肉多菜、少鹽多醋、少糖多果、少補多清、少酒多水，思維上要能知足知止、與人為善、分分秒秒怡然自得。若守住了這幾點，高雲幽了一默說屆時拉皮做臉所花的錢和要受的活罪就可免了。

開朗自在的高雲，勿須胭脂花粉，其味自香。末了，這位摩登大師殷切地希望凡是愛美、求健康、要活力的有心人，要和她一樣，必然可以青春永駐，心想事成。

以此衣為證，且看三十年後

這幾步之遙，我走了幾十年

記得第一場演講會是在台北市中山堂，為了限制入場人數，以每人五百元台幣售票，收入用來作為本會在台基金。演講會前半小時就已經坐滿了。忽然，外面傳來一陣喧嘩，原來很多人為了搶先報課，擠翻了桌子。還有大約一百多人買不到入場票堅持要求進場。我由美國帶來的助教團，不知所措，慌忙跑到後台：「大師，怎麼辦？」

我轉身對司儀說：「稍安勿躁，大會開始。」

隨著熱烈的掌聲，我從後台走出，站到講台前，靜心先不開口，先以微笑向全場點頭致意。

我當時第一句話是這樣說的：「今天從台下走到台上僅有幾步之遙，我走了幾十年。今天，台灣的盛情，讓我非常感動。有些同胞現在還在外面，請靜靜的從後台上來，就坐在我的後面講台上吧。」

外面等候的人，安安靜靜地弓腰有序地、排排坐在我身後的講

台地上。以往曾經由台灣到美國學習的幾位師兄師姐，在大會上見證了自己身體的變化，專程來致謝的。印象比較深刻的是：台中李玉英減肥廿磅；台北腎科醫生陳右明肩周炎痊癒；糖尿病晚期雙目已失明的丘瑞幸女士，特別由美國赴台，與全家大小到場獻花致謝，只希望能再看上恩人一眼。

演講畢，我開始用獨樹一幟的「全場發氣」，多元時空治療法門，向全場發送高能量，以善願助來賓啟動身體正能量。會場頓時十分熱鬧，打拳、跳舞、按摩、拍掌、哭泣、高歌、低吟……。一揮手，千人動，難道是起乩了？說明了甚麼？儘管會場沸騰一片，人人陶醉其中！

將以此衫作證，十五年後身材依舊

記得當時我的最後一句話是：「你們都說我五十歲看來很年輕，今天你們看到我是這個樣子：十五年之後我還是這個樣子，你們信不信？」沒有回音。如此簡單的算術題，他們心中一定在暗暗的想，十五年之後你六十五歲了，還能這個樣子？那怎麼可能呢？當時會場鴉雀無聲。

我將手高高的舉起，大聲的說：「你們不信，我自己信，到時候我們再看！」

十五年之後，六十五歲的我仍然穿著那件表演龜壽延春法的緊身連衣褲在台上表演。

如今，三十年過去，我八十歲依然穿它展現回春力。

八十歲如此，是為了燃起更多人青春的夢想。一人青春不為快樂，眾人快樂才是幸福，那一天我非常喜樂，因為大家的信，給台灣人帶來了健康的另一條途徑。

做奶奶了，仍然這一套衣服，女兒白雁、女婿彥寬帶兩孫女表演後認祖。

以此衣為證，且看三十年後

望而知之——靈視

天眼打開——只是為了看透你

有一項活動我們堅持了三十餘年，就是應世界各國、各機構的邀請，進行健康養生的普及講座，每場參加者幾百乃至幾千人。免費的健康講座之後，我們還有一項活動，就是義診。目的是更整體地根本地了解他的情況，以便更有效幫助他。我們特別強調：此不屬於醫療行為，因為我沒有碰觸你、沒有把脈、沒有問病、也沒有開藥方，你只需站在面前，讓我看上一眼就夠了，若我斷症準確，你就有了成功的一半機會。

我們母女坐定，眾人排著長長的隊，每個人站到我們面前，我們就給他作身體健康的一個測定，和疾病的判斷。

過去皇上的御醫為妃子、皇后切脈的時候，隔著一個帳子，用一個細線拴在她的脈上，通過這條線，這邊的御醫就可以切出他的脈，這功力何其高啊！我們常常看到電影裡這樣的情節。太醫說：恭喜！有了喜脈了！懷孕與否，從脈象上可以知道，現代醫學也無

需此法了。

一目了然　四相二不

我們判斷疾病的方法和中醫的四診「望聞問切」不同了，我們老祖先所留下的望聞問切，在現在的年代，有時候會被病患一些表象給錯誤誘導及掩蓋了。

我們早在三十年之前，就開始「四相」及「二不」法則：即通過天目打開，測氣、望氣、聞氣、診氣；不切脈、不問病。

中醫若只停留在望聞問切，常會被一些表面的現象給掩蓋了，比如說，你要望頭髮的時候，有些人把頭髮染了，不同的顏色，或者戴著假髮，你也看不出。面色呢，望他的面色，尤其是西方人、美國人，大都是化著妝來的，口上塗著口紅；你想要看他的眼睛來望診的時候，看到他的眼睛裡面戴著假的、有顏色的眼膜。那麼聞呢？也受一定的限制了，中醫是靠聞口中和身體所發出的氣味等等來斷診的，可是對方口中不離口香糖，身上又噴著各種香水，所以你的鼻子也被迷惑了！

在這樣的情況下，再也沒有比看氣、望氣而「一目了然」的了。

人的氣是不能化妝的

怎麼樣望氣呢？為甚麼大家那麼熱衷於排隊等候我們義診呢？因為每個人檢查了之後，當場直斷他有甚麼樣甚麼樣的病，都直呼太神奇了！也沒有切我的脈，也沒有問我，因為我們的義診是不問對方的，這就是沒有問診，而由我們來斷定他的病，他的健康狀

態，所以直呼太準了！太神奇了！這就是因為我們有一套獨特的辦法，抓取對方的氣的信息，來感應對方的氣的情況。

人的氣是不能化妝的，最能反應活的生命的真實情況。他（她）的氣堵在哪裡了？哪個臟器氣弱了？哪裡的氣逆行了？氣場亂了？……都在對方的氣息中可以捕捉到！

當然，這技能要通過數萬人的實踐，不斷地充實，數十年的經驗，不斷地來提升這方面的功力，來驗證準確率，就是我們用氣測病的能力，這也是我們四十餘年，一直能夠有口皆碑，更能對症施氣快速使病者痊癒、老者回春的原因。也是我們數十年來講座，能夠一直擁有座無虛席的原因。透視測病，望而知之。

見證：義診測病奇蹟　　　　高雲中華養生研究會會長徐揆智律師

每次演講會之後，兩位老師義診透視測病，我都是站在旁邊守候著，我見證了數十場，兩位老師測病的準確度，常常令求助的人，驚訝不已。尤其是白雁老師，除了在演講會，每天還要在辦公室接受義診，一天下來，要義診幾十個人，對於她的望而知之本領，眾人都心服口服。

意念的魔法
——把你們的手變長

意念的能力　不可思議

我和白雁在台灣高雄英雄館和空軍官校做演講，南部的首場演講盛況空前。王金平等長官的鮮花花籃從會場外一直擺滿到了講台上、當任市長吳敦義到場講話祝賀，會場擠得水洩不通。英雄館館長說：此乃建館以來，前所未有的盛況，場外還遊離著近三百人呢！

此情此景令我非常感動。他們既然如此信我尊我，我也希望能幫助民眾健康，當即，我發善願，助鄉親們一臂之力！

演講開始後，我便氣定神閒，讓大家把一隻手伸出，隔空接受我的超能量，一分鐘之後，不可思議的奇蹟發生了……我請大家把自己的左右手相合，比較長短。會場發出一片驚呼聲，大師怎麼把我的兩手變不一樣長了？有人尖叫：我這中指長了一寸，差很多呢 ?!

我告訴大家：意念是能量，會用念力，就可以產生不可思議的

超能量！意念的力量可以非常強大，它主宰著我們的身體。

修煉者，意念活動為第一重要的，因為意念控制你的思想，而思想控制身體的每一個部分。所以說，人乃萬物之靈，人類有高級的意念控制能力，只有人類，可以用意念力量控制自己的生命體，我甚至認為：一個人是否健康，是否美麗青春，主要是由意念決定的。所以，我的回春功法有安排意念活動：面帶微笑，意念青春。

這是魔術做不到的

早期，在美國格蘭丁醫療中心，在幾位醫生的監督下，我曾經做過一些科學實驗，包括：

以意念控制力減小腰圍；

讓自己的唾液增加；

讓手心的溫度提高；

讓呼吸淺慢到每分鐘只有一次；

讓心跳達到每分鐘只有四十次；

讓意念改變水的結晶；

讓意念封閉全場的濁病氣；

以意念捕捉疾病信息；

以意念散發百花香氣⋯⋯

這些我都做到了！這不是魔術，是實實在在的功夫。幾千年來，古今中外，有多少關於這一類不可思議的特異事物發生啊！這裡面孕育著多少人體奧秘需要我們去揭示啊！人體蘊藏著巨大的潛能，需要我們去認識、去發掘。這也就是我們研究人體生命科學的意義所在。

見證：集美妙於一身的大師　　　　　　　　桃園陳美林

我只知承載於武俠世界的俠女，見諸於文字的功法，並不稀奇。然而讓我眼界大開，只覺不可思議者則分屬兩件事：

一是高雲大師的身材與風采，當她出場時，我幾乎無法將她與一九四○年出生（已入老年）的年紀聯想在一起，幾度盯著她的身材出神而漏聽了她的演講內容；另一件則是她向全場發功時，座無虛席的偌大演講廳，頓時，此起彼落，如同「起乩」一般，很多人因感應強烈，不等演講完畢，搶先離場溜出去先報名。

元月十三日去聚豐原歡送老師，得以近距離端詳她：濃密的頭髮清晰明亮，嫩白的肌膚光澤而富張力，身材前凸後翹，面對眼前這位大師，我不禁迷惑了，直至今天仍然不勝迷惑也不勝神往。她真是集美妙於一身的女大師。

見證：神奇的笑、癢、哭……　　　　　　　台北張昌禮

我上初級班的時候，接到高大師發哭氣；上五禽戲時，又接到白老師發癢氣，全身毛孔大開，大家癢成一團；上大周天功時，大師發笑氣，讓我們樂不可支，如醉如癡。至今不明白為甚麼要哭和笑？高雲大師的光一發出來，自己根本控制不住。全班笑作一團，我的婆婆上第一堂課，老師在後背一發氣，她哇地一聲大哭起來。哭過之後，她笑得好像小頑童，我從來沒有見她那麼開心！這次之後，她很久的失眠症就好了。

應邀為孫運璿院長治療

積勞成疾　不良於行

台灣的行政長官孫運璿，是台灣蔣經國之後的第一位行政最高
負責人。一九七八年上任，被稱為台灣的經濟推手，是對台灣經濟
貢獻最重要的人物。

我與首長結緣是因為他勞累過度身體欠佳，需要調治。

一九八四年他任職行政長官時，工作格外緊張，常日以繼夜的
工作。有一天晚上，看文件看到深夜。結果突發腦溢血，經過治療
效果不好，經歷漫長的復健，病情仍然非常不理想，只好以輪椅代
步，站起來很困難，並且喪失了的部分語言能力，只好辭去職務。

這使得台灣的民眾深感遺憾，因為他的人格受到各界人士的景
仰和尊敬。從他卸任之後台灣的政局發生了很大的變化，經濟和政
治都產生了很大的損失，內鬥嚴重。所以挽救這位民族的楷模，是
百姓的重要任務。

來龍去脈

給孫運璿治病是我到台灣第一件頭等大事，此事已經相隔二十九年。直至他二〇〇六年離世後，我也退修了，才將當時發生的奇蹟和他對我的表彰公佈於眾。因為我深知謹守本份、醫德，並且嚴守公眾人物的隱私。

我的弟子們只知道我有給孫運璿治過病，後來出於對院長的緬懷，大家都很想知道其中的來龍去脈。請讓我娓娓道來。

我在加拿大溫哥華中華文化中心授課時，為加拿大著名華僑領袖陳焯聯治中風後遺症，效果非常好，他認為是天大的奇蹟。經過三次治療之後，他就能丟下拐杖行走。陳老在當地的溫哥華報紙整版的報導我的事情，並且數次發表他個人的見證。此事台灣得知，便請我由美赴台。

我見到孫運璿的時候，是他病情最嚴重的時候，因為已經中風五年。這個期間，他經歷了漫長的復健治療，因為效果不彰，使得他的身體健康狀況每況愈下，行動要靠輪椅，語言也有障礙。

患肢被隔空引動，高高抬起

進入官邸，我請護士把他從輪椅移到治療床上，請他閉目安神，我隔空六十公分遠，從頭頂百會穴、四神聰穴給他灌氣，先打通肝經，再從右腦部輸入我的氣血真元，奇蹟發生了，只見他的癱腿動了起來。

我又轉往床側，在離患肢高一尺遠發氣，他的癱腿竟然隨我上抬！直到抬腿九十度！九十度高！夫人驚歎不已，連忙把這個情景攝影下來。

他眼睛不停的一直閃，他的夫人在旁邊說：你要靜下來接受大師給你灌氣，你在想甚麼呀？他含糊不清的說了一句話。我不懂，夫人俯下身來在他嘴邊，聽到了，抿嘴笑了，給我說：他在想怎麼樣感謝你吶。我說：不要謝，等一下你下床感覺有進步再說吧！

就這樣，第一次他就從床邊站起來了！我因為有事急著離開，他堅持走路送我到門口，大家一起為他數步，八十、八十一、八十二……我的車緩緩的離開，他和夫人仍然依依惜別揮手致意。我感動了，淚水模糊了我的眼睛，這是我遇到的第一位高層長官。以我的經歷，我感覺到台灣的高官是不一樣的。他的謙虛、誠懇、親切的人品和樸素的生活，雖然他沒有高唱「為人民服務」，但是他真的是為民眾服務的中華民族風範。

孫院長好轉呼籲全民養生

第三次到官邸為孫老治療，老先生顯然口齒清楚了，精氣神都有改善。他操了一口略帶山東腔的國語，原來他是早年畢業於哈爾濱工業大學的，他的家庭非常幸福，兩男兩女，四位博士。在吃飯的時候兩個女兒陪同，其中一個女兒是學習營養學的，是美國羅格斯大學食品科學博士、台大食品科技研究所教授。

他在家裡盛宴請我吃飯，在吃飯的時候，他的女兒對我說：大師！你知道爸爸為甚麼會中風嗎？他是累的！

我洗耳恭聽，她說：我的父親從政是以科學家的態度來做的。從政以來，不論大的小的事情，任何一個報告，他從來不用唸稿子，而是把它背下來。所以相當辛苦勞累。在中風之前，他準備明天的施政報告至二點，太累了，所以凌晨上廁所的時候昏倒了。

日常食療很重要

在飯桌上，我對他家人說：今後飯桌上要少一些油、鹽喲！

孫夫人很認真的說：這些不好吃？應該吃甚麼呢？怎麼吃？

他的夫人和女兒都笑了，孫夫人說：大師！你快點給他說吧，女兒是營養學博士他也不聽，以後大師說的你就該聽了吧！

孫運璿連連點頭，如同認錯的小孩子一樣，說：聽！聽大師的！一定聽話！

油和鹽過量，對心腦血管很不好，今後調理飲食很重要。他的夫人好像遇到了救兵，非常高興，連連說：你要聽大師的話啊！

他真的聽我的話了，第二次治病之後他隆重安排了請我吃飯，一路上有士兵車隊護衛，有一條街道都戒嚴了，坐下來之後，我才知道，原來他特別安排了一間素食餐廳。我十分感動！

不忘關注民眾健康

我是懷著敬佩的心情，為減輕孫運璿的苦痛而給他發氣的。因著我的愛心，他恢復的非常好，為了感謝我，他特別送給我一塊獎牌以紀念這件事。給我送牌時，他可以站起來，不用拐杖走路，語言能力也提高了。

之後，我看到他不斷地在電視上，呼籲大家注意自身健康，按時量血壓⋯⋯我深知中風患者的辛苦艱難，在嚴重中風的情況下，經我治療能為他解除和減少一些疾苦，最後安度晚年，十六年後才離世。為此，我甚感欣慰！

如今，孫長官仍然是許多台灣人心中的好長官，可謂「上德若谷，典範長存」。

蔣家王朝
——蔣緯國將軍

人與人之間似有奇緣

　　蔣緯國將軍，這位近現代史上聲名顯赫的蔣氏家族的一員，作為蔣介石的次子、蔣經國的弟弟，卻是相當平易近人。

　　和蔣緯國的接觸雖然僅有十幾次，但這位在我心目中的傳奇長輩，竟然視我為好友，他的英德日文都很棒，學識淵博，幾乎無所不知，每次見面無論聊甚麼主題，他的見解都很深入。

　　第一次見到蔣緯國是在聯勤俱樂部，他當時為聯勤總司令、三軍大學校長。

　　今天，竟然有緣面對面與蔣家第二代唯一健在的傳奇人物交談，我心生敬畏。

　　初次見面竟有似曾相識之親切感，我突然感覺到他好像我的父親，無論是英俊瀟灑的氣質，超凡脫俗，說話謹言慎行，為人謙和，言談舉止，都很相像。但是他更透著軍人的颯爽英姿。他體形甚好，氣質裡面充滿了軍人的陽剛之氣，又充滿了西方高等教育和

經歷豐富的內涵。所以使得我充滿敬佩之心。

閒談之中，才知道他果然和我父親是同年同月生，說明他們是同一個星座的。我對長輩的敬畏心又多一層。

那一次，他送我兩枝鋼筆，是刻著蔣緯國名字的紀念物，他還囑咐我：「代我轉贈給你父親一枝，向兄弟問候。」（我父親得此紀念物，高興了好幾年，將這枝筆放在他的床頭，時不時拿出來看看。）

那一次，我發現蔣緯國酷愛中華千年文化，不忘自己是中華文化的子孫，他高唱《梅花》一曲，並邀我同唱。他非常喜歡鄧麗君的歌曲，我們點唱了十幾首歌曲。

他告訴我：一九八六年請鄧麗君主唱《梅花》並製成錄音帶，是想將他崇尚的梅花精神，分送給大陸同胞。他曾在北京舉行「梅開兩岸促統一」聯誼會，藉以弘揚梅花精神，促進兩岸之統一。

送書《弘中道》

他知道我是研究易經和中華養生文化的，第二次到他家中，特別送我他的著作，並且簽名留念。這本書名字叫做《弘中道》。他這裡所謂的「中道」，就是集中分析「中」字和太極圖。

他對於太極和中字的解釋，是一絕。他說：太極圖由一個圓圈和相交的黑白二魚組成，中間以 S 線相隔，如將此線拉直呢？便成了「中」字。黑魚中有一白點、白魚中有一黑點。你如何理解呢？他問我。

我說：黑色代表陰，白色代表陽，這個陰陽相抱的太極，是陰中有陽，陽中有陰的意思。

他說：這個符號理則是「你中有我，我中有你」，陰陽相悖而

不相拒，和諧流暢、永不休止。這太極圖表達了宇宙大自然「生、尅、動、靜」的天道。

噢，我明白了。他所要弘法的「中道」是源於太極，太極出自天道。

我認真拜讀了他的著作，從書中深刻感受到他對中華文化的熱愛和深度的理解研究。中華文化向來就是崇尚和平，愛自由，尊民主，重和諧，以達天人合一的境地。

治療高血壓

第三次，他請我在家裡吃飯。飯後，我對他說：「您的高血壓和糖尿病要注意調理治療啊！」

他表情一怔，說：「有人告訴你了？我不要麻煩你。」說話同時昂首挺胸，彰顯軍人氣概。

我說：「沒有人說給我，我也不會說給誰。」

感覺他的晚年有些淒涼孤單，被高血壓和糖尿病困擾著。我決定盡我所能幫助他。我請侍從給他量了血壓，果然舒張壓高達一○五，我調足能量，發氣給他降壓。再量血壓，下降到八十。他當時感到很輕鬆，非常高興。對我連連地致謝。

古玉之緣，緣在於愛

發功治療前，他將頸上戴的一塊古玉摘下，放在桌上。治療之後，我想幫他把古玉戴上，他突然轉身對我說：這塊玉你喜歡嗎？送給你吧！這是我們蔣家傳給我的紀念物，多年一直戴在胸前。這塊玉來自於我的祖籍，所以我戴著它，以紀念我的祖先。我知道人

將願望圖騰隨身，有良好的護身、辟邪、延年益壽作用。

那時候，我並不知道古玉的珍貴。二十年之後，參加一場古玩鑒賞活動，才知古玉是具靈性的聖物。我沒有向專家透露這塊玉的來歷，香港鑒古專家對我說：這是出自浙江一帶的一塊古玉。無論是「傳世古」還是「出土古」，所謂古玉，就是經過了歲月的撫摸，有正氣和靈性。

古玉天生貴族血統。這些王公貴族之玩物，通過時光隧道出現在我的面前時，才悟出「古玉之緣，緣在於遇，緣在於思，緣在於愛」的道理。

在這裡回憶幾次的見面，他送給我的禮物，亦成為我今生珍貴的記憶。逝者如斯，今公佈此文，睹物思人，不勝唏噓，感慨萬千。

〔作者註：本文寫於十年前，與紀念孫運璿、邵逸夫的文章一樣，作為緬懷故人的記錄，念及醫德及公眾人物疾病的隱私，在其在世時，從未發表。〕

唐飛上將貴在堅持

「厚德」的表率

若以「厚德載物」的精神境界，最值得欽佩頌讚的是前行政長官唐飛上將。

一九九五年，眾學員中有一位時任空軍長官，總微笑著謙卑地端坐在我的課堂，他將軍的氣度風範，認真地聽講態度，令大家肅然起敬。從學課第一天起，他便和普通百姓一樣，分享心得，共研功法。

在多人的大班裡學功，留給他的第一排座位，他一定會讓給其他的老弱，自己坐在最後面。他會設法提早到課堂，與助教搬椅子。一直升級到幾百人的高級班，他從沒有因身居高位而享受一點兒特權。他因此成為眾同修心目中形象最好的長官，更是我心目中「厚德」的表率！

從準尉見習官到四星上將，從飛行員到空軍總司令，並擔任了多個要職，唐飛一路走來，始終秉持著將事情做好的信念。凡事盡

心盡力，無愧民族。民進黨陳水扁上台，竟將最重要的政府職務交給了國民黨籍的唐飛，殊不簡單。他是國民黨繼陳誠、蔣經國、郝柏村之後的第四位將領出身的行政最高負責人。

謙卑大度，尊師重道

他人品高尚，謙卑大度，尊師重道，為人典範。

每次我去台灣，必請我吃飯，提前在餐廳等候，見我到來，立即起身，為我拉出正位的椅子，恭敬地說：「老師請坐。」他和夫人待我亦師亦友，每年都寄卡片祝新年快樂，無論在美國還是台灣，總會請我家庭團聚。

他以德報恩，組織需要健康的同仁，在空軍司令部，請我和白雁去教學，幾十顆星的將士，聽著他的推薦，認真地學習。將軍們，學課尤其認真。

他以德報恩，愛護下屬，邀請我同乘總司令專機，前往岡山空軍官校授課。時任空軍官校校長陳肇敏，等候迎接，並全程陪同。為此次的到訪，陳校長專門製作精美的紀念冊，簽字給我留念。他後來升任為總司令、防衛最高負責人。

功本德先，貴在堅持

唐飛上將從任職空軍總司令開始，雖然身居高位，日理萬機，仍然每日修煉，堅持不懈至今，已經二十五個年頭了！學而時習之，不亦樂乎！學而勤懇乃是他謙虛的最大智慧表現。所以，一個成功者，絕不是一方面努力的結果，而是多方面的努力和功德的積累。

功本德先，貴在堅持，唐飛上將是我此生見過的最值得尊敬的長官。

「橫戈本不為封侯」，他是一位傑出的軍人，更是一位堅守原則的長官，他是我們所有修煉者的榜樣。我雖有幸與無數高層長官、名人結識；然而相識又相知，情誼長達二十五載之久，是唐飛和夫人。在他二十五年如一日的堅持練功中，我看到他厚德中最閃光的「仁義禮智信」五常精神，這五個大字，不就是大師兄、長官、學長唐飛的最佳寫照嗎？

見證：一家三口脫胎換骨   **黃竹蔭**

三十年前，一家三口求醫無門

雖然人生尚有過半程，但若人問我這一生當中最要感謝的人是誰？我的答案是「除了我的父母與妻子外，就是我的恩師——高雲大師。」

癌妻及心肌缺氧的弱女

二十九年前，我們一家三口在求醫無門的情況下，抱著一試的心境，去拜高雲大師學功，在此之前，我內人是癌患者。女兒得的是氣喘及心肌缺氧症。之前，我與內人都學了外丹功，而我還學太極拳、八段錦。當時，內人已有十個月咳嗽不停，幾乎每三至五分鐘就乾咳，聽得人心裡難過，每一陣咳聲，都使我想到她肺葉又受損一次，對此中、西醫都束手無策。西醫的物理治療引痰法，中醫的大包包中藥，每晚二小時的煎藥過程，守在瓦斯爐旁，等待煎好的成果——三碗水熬成一碗湯藥，及二碗水熬成八分

滿湯藥，每晚每晚重複做這些事情，然而內人的病情毫無起色，有時好不容易咳出痰，但痰中竟然帶血。而我唯一的女兒，三年級了，只有一二七公分高，便當經常原封不動的帶回家，學校告知，擔心她無法讀到五年級，因為她太弱了，一個月平均要看醫生兩次，都是感冒發燒，從新店到台北有名氣的小兒科醫生我都去過，但她得的氣喘及心肌缺氧症，中、西醫都不知如何根治，只有一句話「試試看」。

三口人整日與藥為伍

而我由於剛進入一個新的行業，一切都從頭學起，競爭相當激烈，經常加班到深夜，吃飯也是有一頓沒一頓地，工作壓力加上家人的患病不斷，我也得了慢性十二指腸潰瘍，一疼痛起來，常要調理一個月以上，唉！那時真覺得人生乏味，事業、金錢全是無意義，賺了錢去看病，成天滿面愁容，眉頭深鎖，脾氣暴躁，人緣奇差，大家都敬而遠之，回到家裡看到這邊咳，那邊發燒，凡是經歷過的人都能體會出我當時痛苦的心境。

比十三年前結婚照還年輕

因此，我將恩師的蒞台授功救人，視作是天主（我是虔誠的天主教徒）對我的恩典，多年來，我們一家追隨恩師，由初級功、中級、強化、大雁功至高級班，我們的病痛全好了！女兒已有一五七公分高，亭亭玉立，神采飛揚。內人中氣十足，面色紅潤，在練功時，會自動排痰，兩人的變化可用「神奇」二字來形容也不為過。而我原有的十二

指腸症狀，再也沒有犯過。

連白髮及灰甲也消失了

頭髮轉黑而濃密（我曾經有少年白頭症狀），同時已有
十四年的灰指甲，竟然完全復原，而面容的回春，與十三
年前結婚時的我相比，還要年輕，證明我回春至少有十四
年以上，認識我的同學、親友都認為這是不可能的轉變。
原本打結的眉頭，已經解開了，駝的背也挺直了，見到我
的人沒有不誇的，所以親友、同事紛紛來學，將近有百人
之多，我的父母由高雄專程北上學功。母親的血糖由高轉
為正常，父親抽了五十多年的煙，也戒掉了！人變胖變年
輕了。這一切的轉變，我只有衷心地謝謝恩師的恩賜。

大周天打通進入五彩的世界

在習練的過程，由於恩師系統化、科學化的教學方式，使
我體認氣為何物，經過氣攻病灶的治療期，在不知不覺
中，任督二脈打通，當高級班結束後，大周天通了，期間
出過五禽的動作，看過各種不同的彩光，如同進入五彩繽
紛的世界，我看到恩師的金鐘罩，雍容華貴。而今我已能
外氣內攻、內氣外發，可以發氣助人，這一切都要感激恩
師傾囊相授之義行。更難得的是，我的心境徹底改變，我
不願再與人爭執，常能知足，不追求、不貪心，以前看不
開，想不開的事，都一一能泰然處之了，真如恩師所言：
「養心莫善寡慾，至樂無如練功」，每天我們一家最快樂
的時光就是練功，享受氣遍全身的舒暢感覺，由於精、
氣、神飽滿，昂首闊步，重新拾回一個新的人生，同時我

也體會到施比受有福的真諦，這些都是追隨恩師的感動與體會。

恩師身教以愛傳愛

多年來，我一家三口所有的週末時間，都用來到課堂幫助同修。我做大會主持，每當一場演講會開始之前，恩師為了安撫我緊張的心情，都會說道：「竹蔭，放鬆著心情去做，想想看，今天又將有多少人因我們的這場演講而得救。」我真正體驗恩師救人救世的慈善心腸，追隨恩師身旁，她的一言一行使我終生獲益，從未聽過恩師責備或批評任何一個人，她不斷地鼓勵，激發我們的潛能，不論是學有專精的博士、九十高齡的長者，或是年僅五歲的孩童都融入她的教學、授功之中，快樂的大笑，盡情地大哭，有的跳舞，有的打拳，每位同學都達到身心釋放。

每天都有令人成功的情景

每堂課下課後，大家都圍著恩師，懷著感恩之心，不斷地謝謝，這種令人感動的情景，在現今功利主義盛行之際，真是難能可貴！大家都將她當神一般地崇信，不論大事小事都央求恩師指點，恩師常謙稱自己要做「明師」而不要成「名師」，她是一位虔誠的基督徒，將自己的超能力，都感謝讚美主。

再多的稿紙也無法盡述恩師的功德，我今生有幸遇到恩師這位貴人，我願竭盡所能，全心全意，配合恩師弘揚愛心關懷社會。

第十六章

白雁傳承　再造輝煌

功成名就、身退，天之大道。以退的智慧，放棄名利，交付女兒白雁傳承，幫助她，帶著白雁家族千萬家庭，自由快樂翱翔在高雲之上。如今白雁家族日益壯大，再創輝煌。她開創企業健康管理，多本著作雜誌問世；培訓充滿正能量的百名助手，帶領團隊堅守團練，救災助貧，奉獻社會。

給女兒白雁的五件法寶

女子有五大關

每一個女人，一生有五大關：胎中關、發育關、孕產關、更年
期、老朽期。可以說我和女兒胎中關和發育關都是比別人難的。

首先，是胎中關，優生優育，可以佔據先天的優勢，而我和女
兒同為胎中先天劣勢。其次，是發育關，我是先天性風濕，失去童
年的歡樂；女兒先天心臟病，沒有兒童的歡顏。

但我們不能向命運投降，只有拯救自己。所以，我向命運發起
了挑戰，要麼就在痛苦中活著，要麼就一定要改變！全力治療她，
擺在我面前的，是殘酷的現實及對一位初為人母的試煉。

時間成就一切。總結半世紀以來，我身為母職，給了她五件法
寶，在她身上也創造了不凡的奇蹟。

第一件法寶——健康的身體

六歲起，開始練功。建造了童子功底，可以一生健康。每日「修一功，讀一法」的家庭作業如學校功課，必須完成。練功、按摩、背誦一條醫理，防治近視法、開啟智慧法和超能。結果治癒了她的心臟病。近廿年來，每日十幾小時忙碌於工作，基本沒有週末休息。

第二件法寶——優質的教育

最優質的教育是做人誠實、做事踏實、讀聖賢書。一週一本書，是自小給她養成的良好習慣，每天寫日記並讀書心得，使得她雖然在美國受教育，仍有良好的中華文化根基。

少年時到美國舊金山讀私立中學，二十一歲加州大學畢業，再讀心理學，我給她創造各種學習環境，之後，帶她到世界旅遊，行萬里路，開闊眼界。同時，讓她進入社會大課堂學習，演講、表演，歷煉授課，建立自信。如今白雁已成為國際健康導師的領軍人物，她的健康和優秀，是我此生的驕傲。

第三件法寶——順產回春

白雁晚婚晚育，帶孕授課，生育兩男兩女，我授予她順產秘法，產後身材馬上恢復，穿牛仔褲走出醫院，令澳洲洋醫生們嘖嘖稱奇。至今身材健美如少女。

為了保證順產，她依從我的優生優育法，臨產前一天還在練功。

熱心公益三十年，第三所「白雁希望小學」落成典禮。

給女兒白雁的五件法寶

如今白雁繼承我家優良傳統，家庭健康從兒時做起，四個元氣寶貝四歲起練功，懂得養生。因而聰慧優秀、健康少病、個性良好、學習成績也都名列前茅。白雁年已半百，仍然青春亮麗如青年人。

第四件法寶——傳承智慧財產

我選擇退居幕後，給年輕人接棒的機會，將所有的功法和智慧財產都留給她。近廿年來，教導和充電輔導從未停止過。

傳承人青出於藍勝於藍，創建了白雁國際體系，企業化的經營，女兒和女婿遵行我多年提倡的功本德先精神，世界各地組織了數百位義工和助教，播撒愛心的種子。

第五件法寶——積建功德

讓她好命，不是擁有，而是讓她懂得付出。我們堅持慈善捐款三十餘載，捐款空軍烈士、慈濟，智障兒童基金會，在台灣長期領養受災學校學童、在海外捐助癌症基金會等，從來沒有間斷過捐款活動。

由香港福建省希望工程基金會榮譽主席邱祥坤等善長，在慈善晚會，籌得善款，用於在青海省貧困區的一所藏文小學，以寄宿學校形式的「白雁希望小學」，揭碑啟用。第二所「白雁希望小學」，也於福建省安溪縣落成。現在正在建設第三所「白雁希望小學」。同時，馬來西亞區助教多次捐贈善款及物資給樂善兒童殘障福利中心等等。

不忘積功建德，帶動社會傳愛精神，付出使我們成了最富有的人。

青出於藍勝於藍

鴻雁起飛

在白雁很小的時候，我對她說：媽媽不需要你爭第一名，但是媽媽要求你做唯一。

她問我：甚麼叫「唯一」？

我說：唯一就是獨一無二、無可取代的。

在她十八歲的時候，就讀於美國加州大學，她任華人校友會會長，組織舉辦「龍之夜」，當美妙的音樂響起，她神奇的大雁表演，引起全場雷鳴般的掌聲，我站在台側解說著每一個動作的功能，心中吶喊：「我的女兒成了！她明白了媽媽的重擔和偉大抱負，心靈裡已經注入了傳揚中華文化的『天命』。」

當晚，我對她說：「今後，你名叫『白雁』，母親希望你，如同潔白無瑕的鴻雁，海闊天空任飛翔！」

不畏天闊，無奢千古

接過重擔之後，白雁體會到了傳承的艱辛。經歷長達十年的帶孕及哺乳，生育哺乳二子二女，從來沒有停止授課。為人母的艱辛過程，白雁全部經受了。

有一天，她對我說：「媽媽呀，當初您所經歷的這份事業的艱苦，如今女兒完完全全地體悟到了。原來，我們不是一般的為人師呀。媽媽是用生命傳承和傳揚養生文化的。授課時損傷氣血、接收病患『過氣』的傷害、每逢遇經期及哺乳期，造成血脈的紊亂，各種疑難雜症的責任，這份傳承，實在太辛苦了呀！」

我知道她的悟性長進了，很心疼，仍硬下心說：「當你起飛，永遠不要忘了當初自己為甚麼要出發。今後，無論何時何地，媽做你的墊腳石，只要你踩在我的肩膀上，你就會比我高。」我用幕後的支持，激勵她不斷前行。

優異聚靈　雁隊成形

十八歲給她起名為白雁，開始跟我到世界各地講學，她展翅翱翔了三十年了。現在名滿天下，其成功的秘訣有我送她的五件傳家寶外，最重要的是白雁無愧於我的命名，三十年來，她建立了白雁品牌的大家族，以這個有意義的命名，指導著前行的路，以大雁的品性、德性，作為她的規範。

雁，乃是禽中之冠，自古被視為「五常俱全」的靈物，這五常就是具有仁、義、禮、智、信的品德。它是寓意這項事業的內涵，比喻大雁的五品德：仁、義、禮、智、信。

白雁家族的律法

白雁，不是一個人的名子，而是做人，帶領隊伍的道，要按媽媽給你起名的意思，遵循你的道，也是族群前行的律法：

第一，優異聚靈，敬天愛人，是為仁；

第二，不追名利，只求實效，是為義；

第三，一視同仁，恭敬不傲，是為禮；

第四，專業有精、做事尊道，是為智；

第五，不玩虛假，真誠坦蕩，是為信。

從白雁起名至今三十年了，在經歷了足夠的歷煉和考驗之後，我們所有的幾十萬學員，就以白雁家族為名。白雁大家族，終於成為國際化的、充滿正能量的隊伍。白雁家族，日益壯大。

一群大雁南北飛，不畏天闊，無奢千古，翱翔在廣闊天空，以仁愛展現「五常」精神，廣積福德在大地。今後，你關心的範圍有多遠，就造就你的能力有多大！

如今，白雁成為領頭大雁，帶領健康大雁群，展翅翱翔在廣闊的天空！為數十萬人帶來了「自主生命」的美好前景，這是一個多麼壯觀又奇妙的畫面啊！

白雁——
國際名牌致勝秘訣

你要創造中華品牌，展現「五常」精神，充滿正能量的隊伍。

打造中華文化的品牌

我們展示的是中華文化的源遠流長，我們所建樹的是中華文化的「千年品牌」，在國際打響為中華民族文化爭了榮光，那是中外從來沒有的，所以我們以五十年的不懈努力，創立了傲立世界半世紀之久的一個品牌，受國際認可推崇，這是值得民族驕傲的事情。

回顧五十年的歷程，成功絕非偶然，必須經過時間的洗滌。我們經歷了半個世紀的風雨，反而日益興旺發達，故而稱之為「傳奇」。

致勝的秘訣——五大擁有

我們的五大擁有，乃是傳奇致勝的關鍵，是我們致勝的秘訣：

一、有天時地利的支持。無論是在中國還是在世界各地，在我們最困難、最需要的時候，總有貴人出手相助。大都是高水準、賢

國際著名健康導師白雁、優秀的傳承人。

德、有識之士，也不乏政商軍企各界著名人士。生命當中有很多恩人，帶動自己的親友加入結善緣，並全力以赴助教，使我們在世界各地開花結果。我要特別感謝他們。

二、有全然的創新。有創意的理念和獨樹一幟的全新方法，人無我有，人有我絕，重塑身心靈的健康，有絕招。感謝上天給我們的能量和超功能，讓我們創造無限的傳奇。

三、有出色的繼承人。白雁、彥寬，英姿勃發，神采飛揚。以高學歷，展現新一代人超健康形象。他們所培訓的幾百位助教講師隊伍，將這份功德發揚光大，創造廿一世紀的輝煌，我要向開疆闢土的將領和戰士們致敬。

四、有凝聚力的團隊。一個建立功德的團隊，一個以付出為快樂的團隊，是我們展現愛的能量，給予社會正面形象的最大的凝聚力。

五、實現目標的決心。目標堅定永遠不變的決心，經歷漫長的歷程，至今得到歷史的證實。其中數十萬人得救的良效，反饋得到的信心和力量，就是我們的兩味靈丹主藥。

白雁飛翔高雲之上

綜上所述，就是因為有好接班人！沒有大家共同的努力，就沒有五十年的傳奇。

白雁的成長是母親的驕傲，如今的白雁大家族也是我生存的價值。從六歲跟著我學習中華養生文化，到三十餘國家數千場演講；如今白雁已經功齡四十年，接棒後，她如大雁展翅，飛翔在廣闊的高雲之上。

在經歷了足夠的歷煉和考驗之後，她的白雁大家族，終於成為國際化的、展現「五常」精神，充滿正能量的隊伍。

在我們而言，傳承的不僅僅是生命，傳承的是養生文化，傳承的是精神，更是捨己愛人的偉大抱負。很多人問我們母女倆成功的秘訣，我要說：「我們的愛有多大，愛我們的人範圍就有多大；我們關心的範圍有多遠，造就了我們能力就有多廣。」

享譽國際

白雁家族在世界各地開花結果，在台灣、日本、香港、馬來西亞、中國大陸、新加坡、美國、加拿大、中南美洲、德國、澳洲、歐洲等地，有超過五十萬人學習，在全球各地培訓出五十位合格認證的健康管理師，近三百位助教志工。

她所編創的「和氣紓壓法」廣受歡迎，從 Google、雅虎、博通、台積電、聯發科、鴻海、趨勢科技、阿里巴巴集團、娃哈哈集團、統一集團、長庚醫院、杏輝藥廠、美國益邦製藥、香港 IBI Group、香港太興飲食集團、香港貿易發展局、中國銀行、東亞銀行、恆生銀行、渣打銀行、中華航空、國泰航空、新加坡航空、馬來西亞航空公司等知名企業都開設課程。

享譽國際的白雁不僅是健康導師，還是多產作家，她雖是四個孩子的母親，管理徒弟員工助教幾百人仍不改初衷，書寫普及健康著作十餘部，出版書籍包括有：慢動養生、解壓心法、戀氣、自主生命養生學、神奇顫掌、好孕氣、二十一世紀解藥、五行健康法等等。

　白雁──國際名牌致勝秘訣

被讚為台北凍齡族族長的陳家榕大師姐，六十多歲了，精氣神年輕二十歲，因她堅持二十五年如一日，在白雁家族成長。二十五年前，她曾迷上了電視劇《楚留香》，滿腦子想的都是「彈指神功」，那時正巧碰上高雲大師蒞臨台灣，她看這名字，一心想的就是銀白長鬚髯，一身道袍仙氣的道長，仙風道骨的老師傅，便興沖沖地到了現場。

被大師玲瓏身材、黃鶯出谷的聲音迷住了

沒想到一見高雲大師，先是被她緊身衣下玲瓏有致的身材給迷住，更訝異於那黃鶯出谷的聲音，最後再被高雲大師手中的氣一震……她就被大師的超凡迷倒了。跟著大師學功後，想要永遠像大師那樣青春永駐。大師退休後，家榕大師姐練不只是功，還有一顆天長地久的真心。

二十五年的歲月裡，她一起經歷了白雁、彥寬老師接棒的風風雨雨。當時高雲大師打下的天下，由白雁彥寬兩位年輕老師扛起。白雁老師說：「我們不裝神弄鬼，不誇張造神，我們要把『學院式的氣功教學』深入企業、社區，讓每個人都能簡單練功，擁有健康的生活。」

見證了傳承人的艱難

她希望在老師這條佈滿荊棘的路上，能成為陪伴他們的那一個小小的螺絲釘。她跟著老師南征北討，睡過大學宿舍、員工宿舍、老舊冰冷的旅館，親眼看過彥寬老師因為場地老舊，腳陷入斷掉的木板台階，緊急拔出來，小腿流

著血裝作沒事繼續上課，繼續為學員佈氣。

甚至白雁老師在懷胎時，也因為給學員佈氣，差點失去第二個孩子。當時正在上 EnerQi 五禽，佈氣完後當場見紅，下課後緊急趕到醫院，醫生說小孩已經沒心跳了，趁尚未成形就給了墮胎藥回家吃。家榕大師姊紅著眼眶說，當時白雁老師一路哭回家，夫妻倆一個禱告、一個唸經。幸好奇蹟發生，兩天後再去醫院檢查，醫師訝異的發現，小孩再度恢復心跳。

她親眼看著白雁、彥寬老師在克服千難萬阻中，傳承了大師的堅忍不拔的精神，披荊斬棘一路前行。而自己卯足全力能做的，就是跟在老師身後當小小的螺絲釘。

六十多歲的陳師姐永遠帶著滿滿的笑容，跟隨老師服務世界各地，她帶給人青春不老的驚歎，尤其是穿上旗袍走秀的樣子，她逢年過節必向高雲大師問候，奉上心意，獻給我的青春偶像，天下無敵女神。

第十七章

揭開身心健康的終極法門

我們的終極目標是達到整體健康自主生命。為達此目標,我們有理論、有方法、有步驟。

我的理論依據是:中醫三大學說的實用、開發人體潛在能量,展現自然神技。

我的獨特方法是:從生命整體著眼、從身體根本著手、以及增加正能量自癒系統為手段。

我的步驟節奏是:舞動生命三部曲,即大排毒→大通脈→補五寶。

我的方法——
兩個革命＋三個手段

　　為達到美好的目標，只有方法得當而見效快速才是重要的關鍵！經過五十年的時間，於三十三國家及地區，數十萬人的實踐證實，我的理念和方法，確實是人類達到健康終極目標的方程式，是防治疾病、青春長壽最為有效的手段。

　　在新時代，用新理念、新方法，表現不一樣的養生智慧，創世界獨一無二的養生潮流。無數病者自癒、老者回春的體驗證明：想要整體健康，青春不老，活得超凡，活得長壽，非用此方程式才能解。

　　我揭開人類健康終極目標的方程式，解秘如下：

第一：自主生命

　　我們先樹立「一個目標」——自主生命。

　　甚麼叫做自主生命？簡單地從字面理解，就是「我的生命我做主」，這個目標包含的內容是：

一、自主生命是人生的最高境界；

二、自主生命就是「我的健康我做主」；

三、再不受疾病衰老的捆綁；

四、只有擺脫奪命的七情困擾，生命才能自主；

五、將身心靈釋放，讓生命擁有自由；

六、享受世界的美妙，在文化的風中自在的飛翔著；

七、再不做財奴、房奴、慾奴，才得生命的自主；

八、自主生命是天空任鳥飛，過不生病的慢老生活；

九、「返璞歸真」，是自主生命的最高境界，如聖經中所說「變成小孩的樣式」；

十、只有自主生命，才能否極泰來，續命延壽。

朝著自主生命的美好方向前進，就能人人返回青春，病痛除，活得久，活得超凡，活得快樂。

第二：兩個革命

通過我的方法，身心靈整體發生蛻變，自然而然的進行了「腦內革命」和「元氣革命」。經過「腦內革命」，人生觀徹底改變了，去除負面思考，改善為正面思考。進行了「元氣革命」，顯著地增加了正能量，進而提升了人生品質和生命質量。

第三：三個手段

有了目標，必需有正確的方法和巧妙的手段。我的手段是從整體著眼，從根本著手，開啓自我的正能量，進行全面的調節。總稱為三個「的」，即整體的、根本的、自我的調節法。

無法自由行動的室內植物

沒有運動細胞，愛吃不愛動，從小就是個胖子。年輕時不覺得，四十歲時身體慢慢不行了，但慢跑讓膝蓋受不了，於是開始走路與游泳的運動，心想游泳與走路最簡單也對身體最沒傷害，可以當作一輩子的運動！沒想到老天還是給了我警告……

四十六歲時椎間盤突出讓我痛不欲生；五十六歲的冬天，一個寒冷的清晨，我照例快走於美麗的台北街頭，突然右小腿上一個刺痛，從那天起右腿右膝的疼痛，讓我連走路運動都不可得！西醫說，是無菌發炎，至少要復健半年，我突然感覺灰心，心想我這麼努力靠走路游泳運動，怎麼會有這樣的毛病？要是更老了，豈不要與很多老人一樣，困居於斗室，當個無法自由行動的「植物」？

神奇新生路十五個變化

五十七歲的春天，心本已冷的我，死馬當活馬，二〇〇八年五月二十四日，在耕莘文教院開始學功！

回憶三年來身體的變化，試著條列如下，一來當個見證，二來也作為對自己的一個交代。

一、右腿的疼痛、腰與胯骨的酸疼：不見了！

二、膝蓋無力下盤無力：三年前我上下樓梯要扶著扶手，現在上下樓梯自如。

三、脂漏性皮膚炎與頭皮屑：練功不到三個月就有明顯的改善。

四、右臂的痛點：右臂曾脫臼過，沒有好好醫治，留有痛點，現在完全好了。

五、肛門簍管：困惱我近三十年的肛門簍管，已經好了九成九了。

六、腳踝水腫：練功前，下午腳踝水腫，目前完全好了。

七、夜尿與睡眠：練功前每晚睡約一個半小時到兩個半小時要起來小便一次，到目前可以連睡七小時左右，睡眠也因此獲得實質的改善了。

減肥二十公斤脂肪肝不見了

八、體重血壓：由練功前一○七點五公斤，到目前維持八十八公斤，足足減了二十公斤；血壓也在控制中。

九、體脂：每年體檢都要被醫生警告重度脂肪肝的我，去年九月體檢腹部超音波時醫生說，內臟完全沒有脂肪現象，但說皮下脂肪還是偏高。

十、痛風：自從二十八歲首發過痛風，練功前每年發病約三到五次，練功三年來，雖然尿酸濃度仍然偏高，但只小發過一次。

十一、灰指甲與香港腳：嚴重灰指甲獲得控制，香港腳完全好了。

返老回春精氣神

十二、夜舉：剛學功沒幾個月半夜發現恢復年輕人模樣，真的很訝異；尤其主練回春功的期間，特別明顯。感覺整個荷爾蒙內分泌系統被調動了。

十三、不畏寒暑：學功以來晚上睡覺時，夏天不開冷氣，

冬天薄被一床；尤其冬天若蓋厚被，會太熱流汗睡不著。

十四、精氣神：以往下午上班會打瞌睡，現在縱使中午沒機會趴一下，下午基本上不會打瞌睡了；練功前每年感冒兩次左右，現在少感冒，縱使感冒，不太吃藥，只練功，而復原期縮短了。

十五、其他：身體柔軟了，由沒有指甲月輪到目前長了八個（只剩左手無名指與小指還沒長出），大號由不成條到目前改善很多……

練功三年來，我對追求「自主生命」的信心，讓我活得更自信，更寬容！太多改變了，身體的改變，心境的改變，我下半輩子生活的改變。

我的理論
——創新的健康捷徑

將中醫學實用、啟動人的潛在能量，順應自然，就是我的神技。

自稱好的方法，如果沒有正確的理論，就不成為學問，而淪為江湖。

實踐中出真知，效果才是優劣的明證

在國際領域裡，前人並沒有鋪設一條可行路，要做開拓者，自己開疆闢壤，創立所有的理論方法。許多在中國很有名氣的大師，到了國外，方法不被認同，又缺乏醫學理論支撐，很快就銷聲匿跡了。我領悟到，凡醫學醫術，其治法治則，多種多派，究根結底，對於病患來說，這種以自我調節治病強身的道路必須要確實有效，只有「省時又見效」才是最為重要。

所以，我結合了中醫和西醫的理論編創動療法，特別強調以下理論：

一、是中醫的實用大學問

我認為，中醫的經絡觀，服中藥很難體現療效，只有靠針灸。若不想打針吃藥呢？全身經絡都不通了，如何是好？那麼就只有通過我的動療來通脈絡完成。中醫之所以稱之為「中」醫，就是使身體能達到「中和」和平衡。我們不靠吃藥打針按摩的方法，用我的方法舒通經絡，達到中和的狀態，智慧養生勝於藥療。我創編的回春功、五禽戲、大乾坤、龜壽功，重點都是在於能夠達到五臟六腑的「平和」、陰陽氣血的「中和」狀態，體現中醫的「中」字觀，故而調治效果獨特。這本身就是中醫經絡學的實用大學問了

二、是開發身體潛在能量的大學問

不需要問病從哪裡來？只需要解決病到哪裡去？不需要用科學驗證，但是效果就是最好的明證。符合自然就是最高的科學，奇蹟隨時可以發生。

啟動你的自然力，是因為你身體內本來就有的潛能，就是人體的自癒系統。

身體裡最高的能量是一種叫做「不可思議的能量」。這不可思議的能量就是「開悟了」，悟出了，噢？原來人生還有這麼一條道，這麼一條好的道路，可以通過我們自癒力，通過我們一些方法，既能改變我原來的狀況，提升了免疫系統，而且沒有吃藥和打針身體便舒服了，心情快樂了，大腦也就跟著就開悟了，有不可思議的感覺，非常的開心。

這個能量不能小看，在霍金斯的能量表中開悟的能量可以達到一千分。我所起的作用是啟動你的自癒力，啟動你的自然力，把你

的氣場開發出來，讓它發揮到最大的療癒作用。

　　增強人自身的能量和自療的潛能，讓經絡暢通氣血運行，改善微循環，這是一個大的學問。這也是我的方法依據。

三、吸收宇宙能量的大學問

　　做大自然的「仲介者」，因為自然就是神技。

　　調節身體頻率，與大自然同步，即為天人合一。既然人在天地之中，當我們站在那裡，上有天下有地，把身體調節到接受大自然的頻率。天有三寶，日月星；地有三寶，水火風；人有三寶，精氣神。這九個寶貝是一體的。我們把人和大自然和宇宙看為一體的，而我們人的身體就應該在只是一個媒介的作用。做大自然的「仲介者」，就要學會我們怎麼樣吸收天地的能量，來充實我們自己身體的正能量。這個是一個我的方法論，也是講究人和天地宇宙如何相通的一個學問。

見證：我是醫研者，您卻讓我佩服不已　　　台灣志工王萱蓁

婦科病全齊了

從十四歲就開始月經痛，每隔二十八天，就痛到要在地上聽課，就算打了止痛針，還是痛得在床上打滾，原以為這是少年專利，沒想到它越來越痛。學功前，我一心只想求往生。年紀越大，我的婦科問題也越大，從經前症候群、生理痛、子宮肌瘤、卵巢囊腫等，我全都沒漏，非但如此，生理週期還縮短成二十二天，舒服的日子少了，痛苦的次數多了，我的人生與疼痛相伴。

超音波檢查卵巢囊腫消失了

直到學了和氣舒壓法，僅僅三個月，我的疼痛就改善了，我奮起直追，先後又學了 YoungQi 回春和 EnerQi 大雁，一年後做超音波檢查，當時一顆卵巢囊腫三點四公分，子宮肌瘤兩顆，分別是三點八和四點六公分，而且長的位置很不好，理論上應該非常疼痛，醫師也建議開刀。但實在很久沒有生理痛了，我對功法非常有信心，想給自己的身體一次機會，我選擇先不開刀，每天認真練功。

兩年後，再一次的超音波檢查，三點四公分的卵巢囊腫消失了，三點八公分子宮肌瘤也不見了，四點六公分那一顆變成幾顆細細小小的肌瘤，我只能說：這真是太神奇了。

我是生物醫學研究者

一直以來，我在衛生研究院從事生物醫學研究工作，我很明白從二○○一年科學家完成人類基因組定序後，「個人化醫學」和「精準醫學」是全世界醫學最夯的議題。我從自己、家人的親身體驗發現，白雁氣功就是最前端的個人化改善健康，一樣的功法，卻能因人而異，精準的改善不同的健康問題。

學功前，我的生活黑白，在不同的痛苦中輪轉。學功後，我的身心舒暢，連個性都變得比較活潑、調皮，許多的稜稜角角也漸漸變圓。

感謝我的貴人弟弟王宗鼎，感謝恩師，對您們的感謝不是言語可以表達的。我現在也加入志工，為大家服務，我也會努力成為別人的貴人，讓更多人獲得彩色的人生。

我的步驟
——舞動生命三部曲

生命本來就很神奇，只是你沒有發現。

更新體質三部曲

我的祛病強身法是有依據，有步驟、有手段、有層次的。

我主張的動療，是具有療癒效果的「正能量氣療法」，步驟合理，效果自然是事半功倍。

在動療的方法的安排上，我的理念和方法又實現了一件事情。就是：中醫並非只是中草藥、針灸、按摩。而我們可以不用針藥，就將身體進行有效的大排毒，疾病隨之而去。這都是以醫學理論精心編排，不同層次將會達到不同境界。

第一步手段：先全面大排毒

讓排毒系統運作正常，這是我的療癒法第一招。

主張先排毒，再補養，則是我在中醫名師門下做學徒時，最早植根的從醫理念。這理念也奠定了我之後為患者治病的兩大法則：

「百病攻毒為首，百病皆生於氣」。

以至我編的功法系列也以「先排毒＋後補氣」為總法則。

最先打掃乾淨屋裡的污穢，再補養氣血。否則，補病如補虎。水有過濾器，我的方法如同安裝了血液過濾器。

首要讓氣打開皮膚的毛孔、走肺經、走心經，排毒即開始了。

馬上會產生明顯的排毒反應，包括：哭、笑、血、汗、涕、淚、痰、二便、屁、嗝、陰道分泌物、唾、下陰濁物、體臭、流脂肪分泌物、皮膚出疹、自我拍打、自我按摩、由內臟發出聲音⋯⋯，共有五十餘種之多，因人而異。都是因為經絡暢通所出現的身與心靈排毒祛病效應。隨後，人的精神輕鬆、皮膚變好、身材變青春、疾病減輕或消失。

第二步手段：打通經脈

打通了經脈，氣行血行經絡通。氣的能量，如同貨車，載著血走，走在通行的經脈上，便改善整體的氣血循環，

在中醫經絡學中，說明經絡之作用有二：

一、聯盟、聯絡、聯繫作用：五臟六腑、四肢百骸、五官循行，都由經絡聯繫著，如同人體的網路系統。

二、感傳作用：氣與血之間是有感傳的。運行於經脈中的「氣行」走，就能帶動「血行」走，「血行」則可以帶動「經脈通」，經脈通，則病除。這個是經脈感傳作用的規律。所以，若要除病，必須要施行第二招，「打通經脈、活躍氣血」！

所以，我把這個排毒的理論運用到功法來完成，開始先把你身體變通，著手於讓氣血循環活躍，讓氣疏通十二正經和奇經八脈、啟動絡脈及帶脈。

第三步手段：增補賴以生存的五寶

在人體內有五寶，是最為珍貴的物質，表現出來就是人類賴以生存的可見物質，它們是「氣、血、津、精、液」。

這五個寶貝都是維持我們生命存在的最珍貴的東西，缺一不可，當缺少了，身體就虛弱。

一、氣：若元氣少了，就是元氣虛，人就表現出沒有神氣、沒有體力和缺乏精力，整日疲倦。

二、血：血虛就表現在頭髮黃白枯乾、面色無華、貧血等。

三、津：津為唾液，很多老人反映，沒有唾液了，有的人已經二十幾年沒有唾液了，唾液是人的消化系統第一個幫助消化的寶貝，所以消化功能很差，口乾舌燥是明顯的陰虛反應。僅以唾液來說，在古代唾液被稱為金液，也叫做玉液，古人打坐練功，首要的目的是要唾液增加，唾液被稱為長生不老丹藥。

四、精：就是男女生殖之精。這是生命的起源原材料，因為精的缺乏，很多男性才到中年就性功能減退了；女性則因為陰精的缺乏，而變得性冷淡。

五、液：是指在我們的身體當中機體賴以循環的體液。當這個液體減少的時候，最大的表現就是「乾」了，外表皮膚缺少水分，所以才會有雞皮鶴髮。衰老的第一個表象就是乾燥，五臟六腑沒有液體的滋潤，也由乾而硬。

我的功法，可以使賴以生存的五寶大大增加。

我編排的動功和靜功，集中調動人身體的內分泌系統，使得這五個寶貝大大的增加，返老還童便在其中了。這五寶的增加，是我的三部曲之第三程式，也是證明增加了正能量的最佳反應，三個手段相輔相成，以啟動正能量→活躍氣血→疏通經脈→排毒祛病→

增補五寶，使整體正能量大循環，健康徹底改善，這舞動生命三部曲，是至今為止，任何藥物都不能達到的效果。

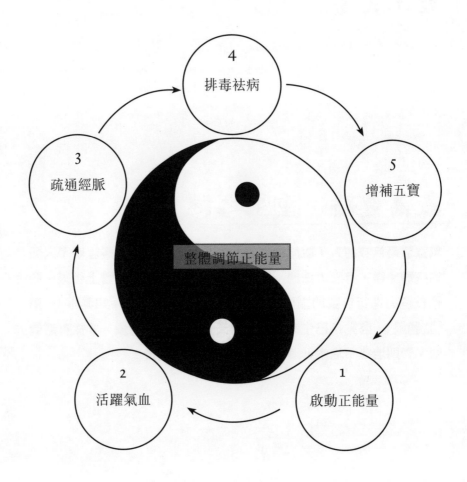

我的手段——整體調節的五大循環。

　　　　　　　我的步驟——舞動生命三部曲

第十八章

數萬奇蹟，重生之謎

無數醫藥無救的人，脫胎換骨般的生命更新奇蹟，實踐證明了人類的病體康復，有三大法門：唯有從根本上著手、從整體上著眼、發動自癒力進行自我的調解，別無良方。所以，必須「知其根」、用「整體觀」、啟動自己生命引擎，用天人合一的正能量，才能重返健康。否則治標不治本，浪費時間金錢，無法脫苦。

整體的——從整體著眼

我們大家最關心的是，怎樣才能達到讓身心靈煥然一新呢？

我用多年的經驗，總結了三個「的」，憑藉這三個特點，就一定能得到健康大財富。三個「的」是：整體的、根本的、自我的。

我對於疾病是從整體著眼，從根本著手，開啟人體自身的全身整體調節的功能，增加機體的防衛、抗病和控制能力，不是被動地消除病因、病機、病位。

從身體的整體著眼

就因為中醫是從身體的整體著眼，不是西醫的分割論。所以，養生必須是「中和」、「平衡」的醫學。所以，我從整體著眼，以整體的「平衡中和」著手，效果往往立竿見影。

我所傳揚的養生回春學，體現的正是中醫整體觀。所謂整體的，即是說，不是頭痛醫頭腳痛醫腳，而是按照中醫的整體論，結合中醫的五臟六腑學說、經絡學說、五行學說、氣血運行法則、陰

陽調節法則，並結合音樂療法，我們將這些手段，集合運用於修煉身心的方法，所以出現了無數的奇蹟。

本來是精力體力不夠好而來的，結果治好了不育症，生下來健康寶寶。在我們這裡有無數的元氣寶貝誕生，都是不孕症的。到現在他們有的上大學了，有的工作了，家長還在聯絡我，報告子女的成長，非常感恩。

有的是因腰酸背痛而來的。看似簡單的腰酸背痛，其實隱藏了很多疾病，結果調好了他的癌症，延續了生命。

有的人濕氣重，好像氣象台一樣，外面還沒有開始下雨，自己的腿就開始痛了；又患有高血壓、血脂高等十幾種毛病，定期的還是會出現濕疹，結果竟然好像整容了一樣，去掉了多餘的贅肉，意外地減肥，效果奇特，變回青春時代的三圍，非常的自豪。我們的學員當中，體重減下二三十斤是常有的事情。

皆因整體調節的功能改變

因為我們進行了整體的調節，以改變了五臟六腑的功能著手，改變了新陳代謝的功能。整體調節的功能一改變，我們的身體便產生了脫胎換骨的變化，這就是整體調節的效果。人是有生命的活著機體，身體各部位之間，在結構上是互相連繫、功能互相影響的。所以我們看任何一種病症，都必須從整體出發。我們不主張分割論，而視機體為整體論，是從中醫學角度全面著手，把握內在的關連性，有的放矢，讓困擾迎刃而解。

只要功法掌握正確，從兩分鐘起，就開始進入了人體間質大循環，才會汗水、淚、涕、嗝、屁、哈欠、拍打、點穴、按摩、哭、發聲……此乃人體間質循環加速，正能量逼毒外排啊！

西醫整體新發現——人體間質大循環

最近，西醫突然有驚天最新發現，人體有一最大的器官，是外層包膜，稱為人體間質，人體間質流動被訂定為人的最大器官，也就是任督二脈。

關於「整體的」，是中醫的觀點。西醫一向都是分割論的。

然而，西醫這個驚人的發現——人體間質，就是西醫的整體論呀。

我的功法編創，就是先從調動人體外包膜著手的。功法實現了我的整體性，自然效果會整體顯現。

見證：四十年肝炎逆轉正常　　　　　　　　　　吳基芳

我從一九七三年開始服務公職，一直在外勤單位工作，每四天就要值大夜班到天亮，作息不正常，加上疲累而沒有運動，我的肝功能開始發炎，GOT、GDP 屢高不降。口乾舌燥，容易倦怠，一直喝冰涼的飲料解渴，從汽水、可樂、珍珠奶茶、冰淇淋，只要有機會我一定每天一杯。

二十多年後，我的身體漸漸衰老，體重也來到一○五公斤，腰圍五十二英寸，買衣褲要到「再大的鳥也裝得進去的店」才能穿。看了醫生，買了直銷保健食品，也是沒有起色，我完全不知要用哪種方法才能改變自己，好像就只能渾渾噩噩過生活。

兩年前因為葡玥的鼓勵，我聽了高雲大師女婿彥寬老師的免費體驗課程。

課程上，我挑戰馬步下蹲的動作，結果跌跌撞撞，往後退

好幾十步差點跌坐地上。記得在那場免費體驗課程中，除了測試身體年齡的結果讓我大吃一驚外，我也看見了每位穿紅色衣服的助教及志工，他們對老師的尊敬及對功法的敬仰，讓我對這個團隊有信心，老師非但幫助人找回健康，更是帶領著整個團隊助人。

我排隊請老師幫我在書上簽名，老師簽了一個「禪」字，並從我的氣色中看到病根提醒我，「你的肝功能不好」，我當下更是非常驚訝於老師的神準。

由於身體堵塞得很嚴重，練起來非常辛苦，每一次都是汗水、淚水交集，僅顫掌一招式，我腳下的地板就滴滿了一大片汗水。

後來進到彥寬老師的 EnerQi 大雁，學到「過水飛」和「尋食」，幾乎是前所未有的挑戰，我因為「太有肚量」，面臨手和腳之間「最遙遠的距離」，實在無法轉身看到天空，想要尋食卻被大肚子堵著，彎下腰來啄食就很困難，但也因為勤於練習，帶動我的帶脈旋轉，現在我的腰圍已經是三十九英寸，整整少了十三英寸。

就在去年的六月二十七日，我經歷了這一生中很大的震撼，那個下午我到馬階醫院拿健康檢查報告，糾纏我三、四十年的肝指數，竟然逆轉為正常標準，以前 GOP、GDP 值幾乎都在三百多，竟然才練了兩年，就有如此驚人的改善。

感謝上蒼聽到我的祈願，賞賜貴人相助，感謝恩師將我從病苦的人生逆轉回來，生命由黑白轉為彩色，能過著健康優質的生活，對未來再次充滿希望、願景。要說的，除了感謝還是感謝！

根本的——治病求本

氣者，人之根也

我們人體的根到底在哪裡？這個問題我們的老祖宗早就有深刻的研究，並且有很明確的答案。但是在如今大講科學的年代，卻認為看不到的，就是不存在或是虛渺的。可是，電磁波你看得到嗎？量子、質子納米技術、微量元素，外太空……現實世界裡我們有更多的東西是看不到的。看不到的，其實才是高級的。人體的氣也是看不到的。

每個人的身體，到底是甚麼在主宰著我們？《黃帝內經》裡面說：「氣者，人之根本也。根絕，則莖葉枯矣。」這就是說：人的生命，如樹一樣，最要緊的是根。

《黃帝內經》並且說：「人之生死，全賴乎氣，氣聚則生，氣壯則康，氣衰則弱，氣散則亡。」

氣聚則生，氣散則亡

嬰兒出生的時候，小寶貝哇一聲一哭，吸到了一口氣，才能活下來，這個生命就開始了。

人的一生都是以氣為活力，直到生命最後，我們形容人的死亡，就是嚥下了最後一口氣。對於死亡的描述，不是說「不吃不喝，眼睛閉上了」，而是必須要嚥下了最後一口氣。這就是說「斷氣」了。這一口氣，就是我們人生命的根本。

而人的體質就由「先天之氣和後天之氣」合成的。

所謂「先天之氣」，就是當你父母成胎的那一刻已形成的，即為造成生命的那個能量。沒有那個氣，生命也不能存在，也不能產生。

而「後天之氣呢」？指的是我們呼吸之氣和水穀之氣，是後天補養。先天之氣和後天之氣，統稱為元氣。

所以從老祖宗的這個理論角度來說，只要著手於根本，增加元氣，就是增加生命樹的能量。很多人忙碌中，不知自己的根慢慢枯萎了，衰敗了。

你屬於哪種「氣相」？

每位都會有不同的體質造成不同的「氣相」。用此理論調節我們的身體，這是抓住了主宰生命的根。

一、虛弱氣相。有氣弱者，你覺得自己整天有氣無力的，可用使其變強法。若是我能夠改善它根的調節供應如同大樹，根很茂盛，那我們的生命力就很茂盛，這棵樹也長得很壯。

二、氣堵之相。若為氣堵之相，就會產生疼痛症。氣堵的現象

是到處疼痛，頭重腳輕。只要將氣堵打通，通則不痛，痛則不通。

三、氣濁，包括濕毒、血毒、腸毒、空氣毒等等。

四、氣逆，人老了先老腿，下半身開始虛了，上面開始實了，頭整天重重的，下面輕輕的，我們把這個氣逆的情況改變，你就會覺得腳步輕快，人就返老還春了。

這四種不調，通過我們的手段有效的能夠達到使你的弱變強，生命力開始轉到旺盛起來了，精滿、氣足、神全。使堵塞變通，經絡暢通，氣血運行，就能夠使得堵塞的疾病，經絡打通的方式來達到氣到病除。因為和陰陽不協調有關，陰陽不能相抱有關。有了我們的手段以後，這幾種不調和的改變，就是生命健康的品質開始改變的根本方法。

「治病求本」的「氣療法」

除了元氣為生命之根，以補足其能量之外，每一位病患都有不同的病根。有人患有多重疾病，五臟六腑運作不暢，加上腰腹筋骨毛病，看遍西醫各科。有位成功的富豪自嘲說：「錢買不到命，每天奔波在醫院，現在只差婦產科。」

我告訴大家：每個人都有屬於自己的死穴，也有根源的病灶，所以，只要打開死穴攻其病根，其他就相應而解了。因為中醫講臟腑功能可以相調，可以相關的。

多年醫藥無效的病，是怎麼好轉的呢？因為人是整體的，當我用根本之法，為你調整到臟腑恆動、氣血通暢、陰陽平衡了，一些有關聯的病痛都會一起消失。

三年前，因為工作步調緊張、講求速度，工作時間又長，我不但嚴重失眠，還常出現臉麻、手麻的感覺，接著血壓、血糖等三高問題都來了。在參加一個晚宴後，突然身體半邊麻痺、痙攣、嘴歪口吐白沫，朋友都以為我中風了，緊急救醫後全身檢查，我被告知罹患了自律神經失調及睡眠障礙（深度睡眠僅百分之十三），最後決定提前退伍休養身體。

退伍後身體好轉的很慢，體重曾暴增到九十七公斤，三高指數都居高不下，藥物及運動效果都有限，直到我學習了和氣舒壓法，短短一個月就讓我壓力、肩痛大大改善，讓我對這門氣功增加了信心，更發揮了軍人特質，每天將練功列為重要課程。

練功一年半後，我的睡眠品質改善、體重減輕十三公斤，血壓、血糖和膽固醇都回復正常。雖然因為健康提前結束了我的舞台，但是透過練功又重獲健康，擺脫了藥物控制，現在每天心情都很好，臉上也多了笑容。

神奇手段——抓蛇七寸

中醫五大總法則

大家都認為我治病的手段很神奇，為甚麼大師一出手，多年痼疾就不翼而飛了，好像有魔法一般。其秘密就在於我會從極為複雜的疾病的變化中，抓住蛇的七寸。也就是說，打通了你的死穴。

幾千年來，中醫治病有五大總法則：治病求本、扶正祛邪、調整陰陽、調整臟腑功能及調理氣血。中醫治療學第一個原則，就是治病求本。我按照當代人的忙碌特點，以中醫學的理論，創編出適合現代人的「治病求本」的「氣療法」，便是首先抓住疾病根本為原則的。

辨別自己身體的標與本

甚麼是本？本，本來也，根本也。疾病的「標」和「本」，是一個相對的概念。

辨別自己身體的標與本，有四種方法：

一、從邪和正來說，則正氣是本，邪氣是標；

二、從病因和症狀來說，則病因為本，症狀為標；

三、從疾病先後來說，原發病為本，繼發病為標；

四、從新病舊病來說，舊病是本，新病為標。

頭痛廿六年大哭一場而癒

我發現，只要我能夠幫助他們抓到了病根，就能解決疾病的主要矛盾，其他矛盾亦隨之而解。

例如，頭痛的症狀，可能由多種原因引起。有屬於風寒感冒引起的；屬於風熱引起的；屬於肝陽上亢的；屬於血虛的；屬於血瘀的；屬於痰濕上蒙清竅的等等。

我認為，不需要診斷其引起的細節原因，而以頭痛的症狀為標，以驅邪氣為本，很多人年久的頭痛病也會不藥而癒了！

僅僅患頭痛的這一項，我遇到的各種疼痛模式太多了，其中有患頭疼症的美國舊金山華裔工商會羅會長，他在三藩市中華文化中心課堂上，經我調氣時，嚎啕大哭，並以頭撞牆，頭上流出的汗水和淚水都是黏乎乎的。當一陣大哭完，他對我說：「發生乜事呀？我戴在頭上的緊箍咒被妳拿掉啦！」

商會同仁問：「你為甚麼要哭呀？我們有乜欺你呀？」他連連讚歎說：「神手名不虛傳呀！怎麼會眼睛看東西也亮了起來？」之後，他寫下見證感恩，因為，這糾纏他二十六年的頭疼症，再也沒有發病過。

自我的——自癒之謎

自我的調節是健康的修為

所謂「自我的」，大家都明白，就是健康是我自己的事，生老病死，都是自己的事，病了沒有人替代，再愛你的人也沒有辦法替代，包括小朋友。小朋友生病，家長著急，一個人應該由青少年開始，就要把自己的身體調節好。

我們用不吃藥不打針的方法，進行自我的身心的修行，可以說這是一種健康的修為，是我們人生的一種境界，也一種生活習慣的培養。

動物也有「自我修復的能量」

怎樣來調動自己的調節功能呢？每個人的身體都有自我調節的一種潛能。我去非洲野生動物園區的時候，看到那些動物在浩浩蕩蕩的大自然當中，野生動物的身體受傷了，牠並不會因此而死亡。

牠們會有一種自我修復的能力，比如用舌頭去舔傷口，口水裡面就有很多的殺菌的成分呢，如同我們吃抗生素一樣的成分，慢慢傷口便會修復好，幾天不食，也不會因此而死亡。就是因為我們整個生命世界裡，存在著「自我修復的能力」。

牠們還有休養生息的能力，比如龜，是長壽的物種，給我們人類的一種示範。於是我以牠的習性造成的長壽因素，編創了達到高級境界的龜壽功，利用龜的生活習性，使我們也達到延壽的目的。還有一些動物，虎虎生威，如強壯的熊，靈活的猿，自由的大雁等，我以仿生學，編創五禽戲，順應五行學，達到五臟六腑相生之效。

選對方法，健康一生

身心靈不健康，若自己不能糾正，大自然就會把你收為己有。

幾十年來，三十多個國家，不同種族的西方人和東方人，他們常常以非常感恩戴德的全家人來給我獻花，感謝我救命之恩。每當此時，我就告訴他們，你先要謝謝你自己，你知道，選對老師是智慧一生，選對方法是健康一生。你自己明白，以往的疾病，到底是醫生給治好的，還是你自己治好了？你要肯定自己。這個轉變，除了我的幫助之外，也要有你自身的能量的作用。

謝謝你自己

為甚麼？因為我們每個人身體裡面都有一種自我的潛能，這種自我的潛能，就是一個人的能量。你這個能量就是所謂的一個氣場，你的氣場和外界是要互相作用的，所以我說我們的人體是一個

小宇宙，而我們整個世界是個大宇宙。我們由心的發出來，對這個能量說，我要改變自己，我要向上的，我要向善的，我要感恩的，我有信心。我要啟動我的自然力，我們就能夠戰勝疾病，能夠使得我們學會依靠正能量，改變我們的磁場，改變我們的整個的生命力。

所以我們知道這一點，我們不要有病就賴在醫生身上，而是要靠我們自我的、平日的一些鍛煉手段，來調養身體。

見證：原來世界上是有奇蹟的！ 香港黃同學

我患了「肺纖維化」，這是世界醫學難題，死亡率極高，由於身體免疫功能差；而今幾乎所有臟腑、器官的功能低下，新陳代謝緩慢、容易氣喘、感冒，任何的風吹草動對我就是一個挑戰，老師說的氣堵、氣虛、氣濁，我都很嚴重。

擺脫賴以生存的四十多種藥物和呼吸機
練功三個星期內，我陸陸續續減去了我一直賴以生存的四十多種藥物，還有就是可以不再依賴呼吸機吸氧！在練功的第四個星期起，也不用去看醫生，身體感覺良好。
以下是我練前依賴的藥物及健康食品：化痰、止咳、平喘、補肺腎的冬蟲夏草；抗感冒的抗感敵及玉屏風散；睡眠藥褪黑激素、血清素、色氨酸；消化藥助生素（益生菌）、大豆低聚糖；營養食品、牛初乳、加速新陳代謝、提高免疫力的啤酒酵母、螺旋藻、能量藥物、提能、輔酶 Q10；關節藥物葡萄糖胺、能愈療、修復細胞的褐藻糖

膠；有解毒功能的羌量、山竹酵素；提升陽氣的起陽子；
參與新陳代謝的清潔血液的 EPA；預防結石、降低心血
管疾病的蔓越莓；平衡陰陽的（專利的）中成藥養陰益肺
通絡丸和仙芪扶陽丸；營養豐富的蜂皇漿和抗過敏安神鎮
靜的蜂膠；還有幹菌敵、血管保、血氣旺、勁腦靈、可
立通等等，外加醫生處方的，每天要吃的廿二種維他命
礦物質。

讓我重拾健康，從此改寫晚年

原來世界上是有奇蹟的！十分感謝幫助我們的助教，沒有
他們的善舉，我現在仍在藥堆中揮灑所餘無幾的積蓄，但
願我們都能獲得健康、快樂和青春。

感激高雲大師和白雁老師，驚訝這些見效之快的高明上乘
的修煉法，深深地感謝彥寬老師把我從陰霾中引領到陽關
大道上，讓我重拾健康，從此改寫晚年。

白雁老師說：「我們的每個動作都蘊藏著平衡陰陽、調和
氣血、疏通經絡、培養真氣的效果，所以氣是百病的剋
星。」這不正是我一直在尋求的嗎？簡直令我歡喜若狂！
十年來我都在努力補氣，調和氣血；病後也努力排毒，用
盡了各種各樣的方法，想疏通經絡；努力去平衡陰陽；每
天我都以「黃氏靈芝、當歸、黨參、紅棗」煲水代茶，喝
了一年，原來，像我這樣氣堵、氣虛、氣濁兼備，是補也
枉然的！練習回春秘法，才是絕世好功。

我的「全方位健康」智慧
——五療

五療全面維護，缺一不可

多年來，我全球首創了「全方位五療學」。我建議以五療為手段，維護自身的健康。達到整體健康必須靠哪五療？即：醫療、心療、食療、動療（氣療）及習律療。我強調：健康需要五個方面的治療和調理，這表現了我所主張的「整體著眼、根本著手」。

在這五療中，每一種方法，另有我的獨特的見解和手段，將另有著作譯述秘法。這都來自五十年來，通過大範圍的幫助各國各色人種所得到的經驗。這都是在不斷地更新中，在數萬人中實踐而總結出來的。我提倡用整體健康五療法、完成人類健康規劃達到自主生命的人生最高境界。

只要人類想達到健康長壽，我認為這五個手段缺一不可。健康的品質需要全方位的維護，從生病到治病，從復原到養生，都需要有相對應的方法。我們在世界各地提倡的預防勝於治療的理念，最希望能夠藉著由五療整合，帶給民眾不生病少生病的生活模式。只

要人類想達到健康長壽，這五個手段缺一不可。

一、醫療，是治病的主要途徑

現在高科技醫療日新月異，先進的檢測手段，定期的健康檢查，急救，吃藥打針，是治療疾病的主要途徑。我們提倡每個家庭都要有健康管理計劃。現在很多家庭，父親管理事業，母親管理家務，學生忙於功課，就是沒有人注意家庭健康管理。往往在生病的時候，也不知道要如何有效地就醫，平時又不注意如何防病抗衰老。

我特別強調治未病，防患未然。有病看醫生，並不是唯一的維持健康的方法。當病情穩定下來以後如何痊癒？如何走回健康的這條路上？如何少生病和不生病？因此其餘四療：食療、心療、動療，氣療，便顯得非常重要了。

二、心療，心靈的人參

事實證明，雖然有很多方法可以教導我們如何給身體排毒，但是我們更需要心靈上的排毒。毒素在妨礙你的健康，我們要把自己變得身心靈聖潔，就會從此改變我們的人生。負情緒、壓力和心毒就是生命的最大殺手。失眠和憂鬱症遍及全球、西醫以看心理學醫生，吃鎮定劑和安眠藥來解決標，卻不能治本。我用念力、心力音樂及功法中的美好意念，釋放人的壓力，改變人的情緒，轉變心境為快樂返璞歸真。越來越多的國際醫學專家認為，負面的情緒是造成諸多疾病的主要原因。

忙碌的現代人，越來越缺少快樂安詳，心靈被多種負面情緒困

擾著，產生很多的負面能量，這些心靈的毒素，有如人間的地獄，捆綁著我們的情緒。身心靈被傷害，壓力更大，影響身體的免疫功能和抵抗力，所以人的疾病多了。

三、食療，以食為藥

中國古人就了解「藥食同源」。我的飲食包括了五高、五行和多樣化營養：高鐵、高鈣、高蛋白、高纖維、高礦物質。平日的飲食養生對身體的健康調節非常重要。每日三餐你怎麼吃，甚麼時候吃？吃些甚麼？都會造就了你的體質和體態。舉例來說，夫妻之間兒女之間，除了外表長得像之外，從身材體態上也容易看得出來他們的飲食習慣，甚至有些夫妻患有同樣的病，這就是長期的錯誤飲食習慣，造成的生活習慣病變。

食療，不僅是食補，必須會排毒。有很多種病，是吃出來的病，尤其有一種「藥源病」。我們每天吃下去的有多少是垃圾，你知道嗎？是藥三分毒，大量的所謂「健康食品」，都會造成血毒。

所以我的特殊食療法「辟穀術」，排除身體九大毒素，達到體內徹底更新的功能。不僅是食補，必須會排毒。

四、百種運動中，首選補能量的氣療

生命在於運動。所謂「流水不腐，戶樞不蠹」。很多人忙著工作，患有「貧陽病和不勞病」，皆因缺乏運動引起的。這兩種病，醫藥無效的。

但是生命在於「對的運動」，在於「補養人體能量的運動」，而以調補元氣為根本的運動，才是適合所有人類，最佳的養生運動。

白領階級選擇適合自己的有規律的運動，可以解除緊張壓力，使身心得到調節。但是運動有很多種，不科學的運動反而會給身體帶來負擔。不正確的運動方式也會帶來運動傷害。特別是身體虛弱、元氣不足、沒有精力體力做運動的人，更需要選擇比較緩和的運動作為養生，例如走路、太極、瑜伽。

動療，我最主要目的是增加人體能量的氣療。我所編創的氣療十四套功法，就是你增加元氣著手的功夫，達到精氣神三寶充足，在短時間內使精力旺盛、睡眠香甜、精神放鬆、壓力消除、心情快樂、病痛減輕或消失。

很多不會運動的人，從來不運動的人，沒有時間的人，終於找到適合自己的方法，每天只需要幾分鐘，不需要場地，隨時可輕鬆舒適的增補元氣。

氣療，作為自我健康管理，是五療中裡面最為有效的方法。

五、養生習律療

雖然宇宙萬事萬物變化無窮，但「天道」唯有一條，就是大自然日月星辰的恆動和春夏秋冬的永恆規律。

節律，即是有天理，有節奏，有規律，有章可循。依律而養生，才是真正的保養有道。

宇宙大自然凡事都有「律」，生活要有規律，子午流注是時辰的律、性生活要有與天地的律，衣食住行都有它正確的律，運動養生和調元氣都有律法。

結一棵生命大樹，費時百年，枯萎只需要一年或更短的時間。健康的身心靈是要靠健康五療全面維護，缺一不可的。

人最寶貴的是生命，而生命最寶貴的是自我的改變。若想擁有一

個健康青春快樂的身體，必須從觀念改變做起。若在練氣中發掘出潛藏在身體內的自癒本能，更能將健康自主生命掌握在自己的手中。

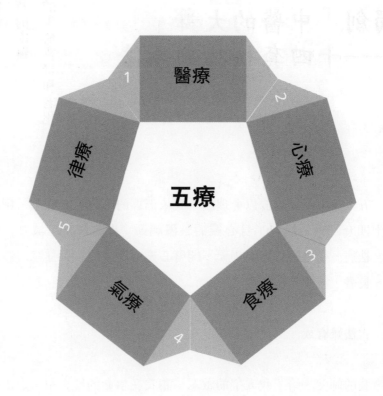

我倡導人體全方位的五療。

獨創「中醫的大舞」
——十四套袪病回春法

醫生不是萬能的，只能解決暫時的困難，不能解決你的生命質量和老化。

五十年來，針對於以上理論，我依倡導的整體五療理念，創編了十四套課程，展現了身心靈的整體調節，進行排毒、減壓、塑身、袪病、通絡、打通大周天、開啓心靈、整體回春、強精、性養生、長壽、減肥等功效。

古法難有成

我的師父，給了我人生的啟示，讓我在生命的反思中，走出來不一樣的人生。但是，師父當初教我的是古代道家的打坐。

如今緊張忙碌的現代人，沒有可能真正承受與世隔絕，甚至禁言，盤腿而坐，心無旁念，意守丹田。因為枯燥乏味，難以入靜，難以調動陽氣，易出偏差。所以，「靜坐」早已經不適合繁忙的社會和現代人類。用於大範圍救人，此法更難行。

所以我下定決心，要走出一條人類返還健康青春的新途徑。我開始研究如何不靠吃藥打針的自癒法，將所學中醫的經絡學、陰陽

學、氣化論、易經、佛道家養生學，編創成一系列養生回春法，為人類提供了健康回春的新途徑。

創編十四套現代人喜愛的新法

半世紀以來，我創編了十四套養生回春祛病法，成為四個系列，每種方法都有它的效應、目的以及對身體的作用，並可按照層次從入門、初、中、高級到超級。所有功法，均配以相應音樂療法，動作優美，練習時間短至七至十五分鐘，深受忙碌現代人喜愛，更加易於普及。

我們以透視眼觀察經絡走向，使每一招式符合人體的經絡系統運行，當然，它必須曾經歷了幾十萬人的體驗，方為良法。正因為我們從醫學的角度編創它，科學化的動療法才能流行世界五十年不衰。

效果，就是口碑

其實，調動人體潛能，每天只用幾分鐘，你與健康的距離，只差一個良好的習慣。

我們之所以五十年興旺不衰，沒有其他的原因，就是因為我抓住了治病的根本，找到了有效的手段。除了有正確的理論，又有簡單易行並放之四海皆準的效果，才會被世界各種族、不同的年齡者，喜聞樂見。

這個口碑有口有腳，修行者的共同效應，就生了感恩的心，感恩就成了口碑，口碑就生了翅膀。這個口碑帶著我做了數千場的演講，得以宏揚中華文化，這皆因效果顯現而產生的廣泛效應。

創編功法名稱	作用及目的
一、和氣法	入門體驗元氣萌發，感受一團和氣。
二、EnerQi 大雁	啟動全身經脈運行，加強氣血循環以經典動作顫掌改善末梢微循環。
三、EnerQi 五禽	按照中醫陰陽五行理論，以虎鹿熊猿鳥之勢，演練內臟五行生剋關係。
四、EnerQi 大雁高級	達到五行相生，令氣血送達內臟，壯大和滋養五臟六腑功能。
五、EnerQi 回春初級	排濁陰、排痰、汗、淚、涕、二便等毒素，扶正祛邪，升發正能量、真氣發動，是真氣療法。
六、EnerQi 回春龍遊	千古秘傳宮廷導引術、回春抗衰、調理脊椎、打通任督二脈，以達減肥、美容及增強性功能。
七、EnerQi 龜壽高級	返璞歸真，否極泰來，接續生命，延壽還童，男女強精秘術。
八、真氣辟穀術	獨創的大排毒養顏美容法，清除血毒及腸毒垃圾，是獨門永不復胖的食療秘法。

九、青少年明目 　　啓智法	屬於特殊心靈與智慧訓練法，開發人體及大腦潛能的妙訣及秘法，增加智力、視力及判斷力。
十、大周天	超覺靜坐，靈子顯動，法輪常轉、打通大小周天、六根震動、建立胎息寶瓶，是內氣周天循行秘法。
十一、高級蓮花掌 　　　（四十八式）	依佛法理論，開啓心中的蓮花，是陰陽轉換、經絡循經運轉的中層功夫。
十二、高級大乾坤 　　　（八十四式）	易經與天地陰陽八卦的實用，用顛倒乾坤、扭轉乾坤、達天人合一上乘境界；運用太極運轉及八卦、密宗，是性命雙修不二法門。
十三、密宗大六通	依據佛家六神通說，將人體潛能開發，訓練特異能力，包括天眼通、天耳通、它心通、宿命通、神境通、漏盡通，擁有天心和慧性，屬於心靈開發的系列。
十四、五行禪	行動坐臥不離守元，如何採陽補陰，在勞碌中隨時加持生命能量，是日常生活中隨時吸取宇宙大自然能量，帶功旅遊天下的高級補能量法，屬於自然能節律療法。

第十九章

八旬才中年

雲遊四海，環球五圈，遊歷一百三十五國，開擴眼界，享受自主生命。探索世界各國各種族神奇長壽法、自然療癒法及仙方妙藥。

返璞歸真，七十坐在搖籃裡，八十才中年，是我的生命狀態。不斷創新，老有所學，老有奉獻。

在人體生命科學這條路上，我從不改變初衷，亦不因年邁而放慢腳步。我要用自己的生命經驗，繼續書寫傳奇。

雲淡風清

五十歲便萌生退意

選擇退修，其實，萌生退意從五十歲就開始了。

一九九一年，被評為美國加州十大名女士，受盛名之累，名利考驗，受到老子思想影響：功成、名就、身退，乃天之大道，這也是易經的哲理，遂萌生退意。飲水思源，不忘師恩，百忙之中，專程由美國洛杉磯至嶗山看望師父。

當年已近九十歲的師父，見我看望他，十分興奮，他拉著我的手說：「明月被烏雲遮住了，白雲飄走了，現在回來了。」眼中泛著高興的淚光。

我明白他話中之意，烏雲是所指一位師兄。師父年事已高，接班人成為他最大的隱憂。

我說：我要退了。這份責任太大了，都是病重得走投無路的才來求救。看著期盼信任的眼神，我總是忍不住出手發放自己的氣血相助，讓學子們快快好起來。可是，一週五班下來，滿身濁病氣，

被病氣壓得噁心，這是病氣邪氣「過人」的結果，關鍵是整日面對的是病苦災難的悲哀。

他聽了我的話一怔，說：你不要命了嗎？你救人，用這種救法，你這是以命換命啊！

我當然深有體會，所以才萌生退意。我說：我比任何的專科全科醫生見到的病種、疑難雜症要多太多了，西方人並不認資歷，只認同經驗，必須讓事實令他佩服。不過，我已經培養了一些可以有透視功能的助教。

師徒乃是一世的緣

關於傳承和選徒，師父嚴肅地說：師徒之間看緣份，要有一世的緣，不是一時的緣，你收徒弟可要看準了，這師與徒乃是父子的關係，有誰能敬你「一日為師，終生為父」，誰才配做徒弟。

他又說：自己師兄弟四十多人，現在苟活在世有成就的只剩他一人。只是他自己培養的眾多徒弟，至今還沒有一個令他十分滿意的。

他告訴我選徒的標準：「選徒弟要看品德。十八歲的美女，看成八十歲的老太婆，這叫做『坐懷不亂』；見地上有黃金塊，視而不見如糞土，無心拾取為己有。」

他不無感慨地說：「拜個好師父不容易，找個好徒弟更不容易啊！你這些年不容易，自己要小心。」真是語重心長啊！

師父讓廚房做了一桌豐盛的素食，戴上了我送的手錶，很高興地一面給我夾菜，又開懷大笑地說：「今天實話告訴你吧！當初我為甚麼對你這女娃兒好？我還是首先看你的心地和人品，你孝順又明理，這些年你將古法理論化了，也幫了我不少，這幾年嶗山可

師徒乃是一世緣，由美國專程看望師父。

雲淡風清

熱鬧了。當初我就知你是有志氣有擔當的。」

「還有，我就知道你不凡。當年你告訴我，名字叫高雲，我就知道：你和我真的是有緣份的。十幾歲時，我做學徒，先後去高家糕點舖和高家興華店學鞋匠。我的兩位掌櫃的都姓高，你也姓高。你姓高名雲，我的別號也有一個雲字，我叫『臥雲居士』呢！」

爭權奪利，何談修為

匡師父說，學功夫天資佔一半，不只聰明、有志氣、有恆心，還要能研究、能吃苦、不貪功，不貪財，現在這種人很少了。有些人，跟著熱鬧三年五載，只學個皮毛，或棄師背祖，或另起爐灶了，或半途而廢了。要學到真功夫，得其真諦、掌握神秘精髓，得竭盡畢生精力。

有的徒弟，初時感恩戴德，轉眼就不認娘，爭權奪利，何談修為呀！交給他，不放心哪！

我安慰老人家說：這種事情我經歷太多了，我前腳走，後腳就有偷功背叛的小人，但凡這種盜竊智慧財產、拿他人健康當兒戲，至今沒有一個長久的，也沒見有好結果的。

德不但要「立」，更需要「修」，修是一個過程，是一脈相傳，你只要把好的德傳承給弟子們，讓他們也有福德。

此次拜見師父後，退隱的心只好暫時收起。至八年後，一個偶然的夢境，讓我斷然遠離功名，潛心靜修，享受自由生命的晚年。因為，只有遠離財富名利，會儲蓄健康的人，才是世間真正的富有者。

藉恩得釋放

生命是一場孤獨的跋涉，
生老病死全在自己把握。

我的自由身

二○○一年起，經常看到在海邊一個女子，迎著朝陽，長髮披肩，自由飄灑的長衫，每天準時的在黃金的沙灘，赤足慢跑，沙灘細細的金沙按摩著她的腳底，她的跑步方式有些不同於眾，或龍飛或鳳舞，或蛇行或倒退，或用「行路禪」、「走式八段錦」、「跑步五禽戲」，吸收大海的負離子……，然後又面對大海，龍游探海，練起剛柔相濟的功夫來。

這就是我的自由身，退休後享受大自然的生活狀態。

天呈異象

話說，這一年的元旦夜，做了一個非常清楚的夢，夢只有幾秒時間，黑暗中人群倉皇逃散在廣闊的曠野上，天空中有一道強光如同鐳射，非常刺眼強烈，突然耶穌穿袍衣，從天空飛速而降，用光

打到我的心窩處，猛烈的衝擊力將我激醒。

這種夢是完全不同於一般的夢，如同少年時夢見天空的雲海，這兩個夢是一生最清楚的夢，永遠不會忘記的「天空異象」。情景畫面雖然只幾秒鐘，卻如身臨其境，太奇特了！我特別在這一年的日記首頁詳細記錄下來。反覆推解，不知這是甚麼意象？

看似偶然的變遷

接下來的數月，在美國洛杉磯各種報紙，鋪天蓋地的報導說，世界末日將要來臨，因天空出現大十字架，群星呈現十字，啓示著美國將有世界末日的大災難來臨。

當時正值一月，澳大利亞恰是夏天時光，應該正是陽光明媚吧。意念一動，我馬上買好機票，從美國出發，與女兒到澳洲去休假。

住在澳洲四十公里長的美麗海灣，在寬大的陽台上鋪一張瑜伽墊打坐，聽大海的浪聲，看著一望無際的大海，心曠神怡。人生當如此輕鬆簡單啊！大海如此的寬闊，有潮起有潮落。人生也當如此，有高點也要有落地。人生不是一味地擔重任前衝，還要知道適時放下！

功成名就身退，天之大道

我的人生目標已經完成，人生價值已經實現。趁著還沒有老，要好好實現自己倡導的人生最高境界——自主生命。

「捨棄以往，立即放下！」似乎是捨與得之間屬靈的爭戰。當即在大海邊訂下高層公寓，住了下來。就這樣，開始了享受自主生

命的晚年。

感悟命運的安排

當年，美國的災難降臨，發生了「九一一」恐怖份子襲擊事件。在冥冥之中，發生和決定何等的奇妙！九月恐怖襲擊，為何我會在該年的元月一日，夢中得啟示？又是甚麼力量，使我斷然放棄功名、鮮花掌聲擁戴的光環？原來一切都是上天早有安排，一切都是上天的獎賞！這一切的一切，隨天意聽天命，全部是上天在指引和安排啊！

一次，讀到聖經一個章節，我驚呆了！那一段經文所描繪的情景，完全是我的那個夢的畫面描述。而在此之前，我從未讀過那段經文。

再悟那個夢，顯然是上天的恩典和救贖。

年底，我在對著窗外大海跪地禁食禱告一週，徹悟生命的真諦，我要退修活出自主生命的模式，去感悟宇宙大自然的恩惠，順服上天的安排，探索全人類健康長壽的道路。我要將生命活得更有高度、知識更有厚度，才能更有廣度、青春和壽命更有長度。

雲遊四海，自主生命

雲遊四海，環遊一三五個國家

我是天空一片雲，曾經風起雲湧，現在要雲淡風輕，雲遊四海。既然我是屬於世界的，這個世界要深入去看個究竟。

至今，我已經環遊世界一三五個國家，旅遊的目標地不僅是為遊山玩水，而且也為三個目的：

第一，從千年遺蹟到藝術寶藏，從世界七大奇蹟到數百處文化遺產，享受宇宙大自然能量的神奇魅力。

第二，尋找各國養生奧秘，該種族地區的生存智慧和長壽文化。

第三，沿著聖經之旅，尋求西元以來，人神的關係，探索生命意義及得勝的路。

「返璞歸真」，是自主生命的最高境界，如聖經中所說「變成小孩的樣式」。有目標的旅遊，讓我如同背書包的小學生一樣，因為邊走邊採收大自然能量，不但沒有旅途的勞頓，我反更強壯，以童心拼命地吸收各個國家豐富的營養知識。

探索它國健康秘寶

我為了探究幾千年的神秘瑪雅文化，攀爬六十度坡度的瑪雅頂峰，在一望無際的樹海上打坐。

我深入亞馬遜河流域，了解當地的土人如何野地生存，採神秘仙草。

到南美洲遺忘之城馬丘比丘的太陽神廟，嘗試千年古人與太陽神溝通的頻率……

到印度尋百歲瑜伽修行者，到泰姬陵觀查它與陽光作用日夜能量的轉變……

到尼泊爾與僧人學畫唐卡，了解唐卡畫創作的奧秘。

騎著毛驢登上約旦貝多茵族群居住的神秘玫瑰谷。

到古希臘，尋採「大地的丹田」。

再繞著地球跑

世界就是我的大學堂。越是深入世界，越加明白，未知世界大得很，僅以生存智慧和養生文化來說，世界各地各種族，尚有豐富的寶中之寶，等待我去認知挖掘。

人到老了，還能有體力去做自己想做的事，有精力完成夢想，能不斷地充實自我，真是最幸福的人生。

世界文化千姿百態其奧妙無窮，人類生存的智慧豐富無比，我懷稚子心仍然在探索尋秘中，至今已經環球五圈了。八十至九十歲，我將完成環球七周的美夢，同時用文學方式記載了「環球探索世界養生奧秘」，這本書將在日後出版。

揮灑心靈色彩

靈氣畫的產生

退休以後，身心得虛極靜虔，練功層次更加深入，三花聚頂、五氣朝元，能量運轉，奇妙無以言述。突發奇想，何不將自己練功中出現的意象用畫筆表現出來?!

放棄功名，只是優雅的轉身。去讀藝術課，兩年後，成了澳洲有資格參加畫展的油畫家。老師評我的特點是，用靈魂的構圖，帶有靈氣的作品。

起初，一個靈感帶著我拿起畫筆，畫一幅「超覺念力」。幾天畫下來，快收筆完成時，正值黃昏。畫到入定的時候，忘息，更忘了時間，窗外已是一片漆黑，只有海濤有節奏的退潮聲，我驚覺自己已經完全處於黑暗中，畫作的頭像卻是隱隱的有光。這幅描繪大腦意念發光的畫作被安泰人壽經理張宜晨收藏。

又一個靈感帶著我的畫筆，氣凝筆端，描述「禪修」，在靜極的狀態下，大周天光環及丹田寶瓶氣運作。這幅畫被台北機場徐文

達收藏。

「藝術的殿堂」被美國黃聖淵收藏。「舞動生命」由台灣統一企業林蒼生總裁收藏。畫展期間，收藏者均是西方人士，如「神奇亞瑪遜之夜」等十幾幅。

以畫作述說靈裡的世界

養心的最高境界是心想事成。靈氣畫的產生，就是心想事成的境界，在這個世界上，只有你沒有想到的，沒有做不到的。修行一生，太多肉眼不可見的神妙，靈界的碰撞，上天的信息，無法用語言描繪的奇景，一心想用畫筆記述下來。就這樣，心中所想，事便成了。

太多的境界要表達，廣闊的宇宙，無限的宇宙的大能，天人合一的能量結合，奇妙的轉換互動，都在我的油彩揮灑中。

我用畫筆來表現生命的不可知性和神秘性，我用畫筆描繪宇宙的含義及壯觀。表達超自然的思維，美妙的打通任督的創造力。

使生命展現更豐富色彩

畫作連續十七年捐獻，在慈善大會義賣做公益，為城市慈善事業、購救護車、醫院、殘障兒童等，受到兩屆市長接見。已經參加了幾次畫展，獲得數十位各國人士的收藏。

人活著，要有不同的層次，從明白的活著，有價值的精彩地活著，直至晚年更豐富、更充實地活著，無論走到哪裡，無論何時何地，無論甚麼年紀，無論用何種方式，只要我的目標不變，只要有心，付出愛，都可以使生命展現豐富色彩。

老有所為，愛不止息

將身心靈釋放，
讓生命擁有自由，
充滿靈的青春永遠不衰老。

重逢師徒的盛宴

身雖退修，心未曾休。因為心中有個力量在牽引著，緣在作用著。帶著滿滿的關愛，去看望各地的學員，多講些訣竅、答疑解惑。重逢師徒的盛宴，師生之緣始終像一顆成熟飽滿的種子，只要機緣得當，一經觸碰，便迅速成長開花。

二〇〇〇　巴西世界華商總會大會演講，看望巴西學員
二〇〇二　美國加拿大學員迎師會
二〇一〇　慶祝赴台二十周年大會
二〇一三　白雁「飛得更高」慶典
二〇一四　台北、新竹、台中、高雄迎師會
二〇一四　馬來西亞迎師感恩會
二〇一五　澳洲採氣團
二〇一六　香港白雁五周年晚宴

二〇一六　慶祝傳愛五十周年各地代表千人聚會

二〇一六　上海中歐國際工商學院演講

二〇一六～二〇一七　澳洲、美國超能量健康團

二〇一八　中國超能量健康會師、杭州謝師會

二〇一九　香港、馬來西亞、台北三地慶祝八十大壽

我的子女遍天下，每一處的學子們，就如同我的孩子般貼心，陪我遊覽各地美麗風光，享受愛的盛宴，邊走邊玩邊修煉，一起享受相聚的幸福。

編創功效更快的功法

跨入廿一世紀，我發現人類的疾病結構發生了巨大變化，幾大文明病，包括癌症、心腦血管、心因病、壓力、自殺……幾乎成了常見病，加速吞噬了現代人的生命。

為此，從二〇〇二年起，又開始編創解除壓力、早衰和常見病的三套新功法。用佛家蓮花的境界，編創了蓮花掌四十八式。只要七分鐘，就可以疏通全身三路（氣路、水路、脈路），開啓心中的那朵蓮花，使生命沉浸在光明的、舒暢的，正能量帶來的幸福中。

二〇〇八年，又編創了大乾坤功八十四式。將易經和太極、八卦、導引術融會貫通，是上乘功法。做為自身延壽延春的修煉。經過十年的自我試煉，我發現它是極適合當今的忙碌族、壓力族、貧陽族、少動族，效果更上一層樓。

超能量健康團暢遊天下

二〇一六年起，由老學員發起並組織的超能量健康團，帶「蓮花掌與大乾坤功」天下旅遊。大家其樂融融，非常幸福，感覺到幾天時間，收穫前所未有的快樂！二〇一八年五月，大家遠從各地趕來。有巴西、美國、英國、加拿大、台灣、香港及中國大陸同修們歡聚一堂。

我們為甚麼稱為超能量健康團？我說：因為我的這一系列修煉法，讓你們具有超出常人的能量。你的身體是能量的組合體，從科學觀點來看，當你們的形體按照我的動作正確變化時，會產生很多能量，並且在不斷轉換中遞加成為超能量。我的新功法濃縮於七分鐘內，形體變化四十八招，打兩遍才十四分鐘，形體變化九十六次，任何體質季節都會身體發熱出汗。按多年經驗而編創，每招式經絡到位，陰陽交匯，其產生的能量超乎一般功法能量，所以是超能量超健康。

世上還有如此美好的享受

人的生命就是由體能、智慧能、功德能三部分構成的。提升他人生命能量的源泉在哪裡？首先在於功德。

七分鐘打開心中蓮花，多年憂鬱的人走出心靈地獄，因為身心靈大家得著了變化。看到課後集訓群裡大家發送的信息，每個人都充滿了喜悅。組群建立了每日打卡，交流信息摘錄如下：

她說：「當健康急速滑下坡的時候，正在無所適從無藥可醫，突然找到了既適合自己又非常有效的方法，幸好有這個功法相伴，覺得生命可以逆轉，好有趣！對於自己健康品質更有信心。」

高雲功德團陪著我帶功走天下，來自世界十五地區會師漓江船上。

老有所為‧愛不止息

他説：「跟著大師帶功夫走天下，突然覺得大自然無比美好。和大師朝夕在一起，世上竟還有如此美好的享受啊！」

某上市公司總裁説：「精力體力腦力都增加了，好似回到青年時代，生命更有信心，充滿了正能量，能夠更加應對社會的重擔。」

他説：「每天練每天就舒服。愉快無比，如喝人參雞湯。對於幸福的理解有更深刻的體悟，更高的認識。」

他説：「排毒排得非常清爽，多年不出汗，您的方法讓我幾分鐘就大汗淋漓，神清氣爽，感覺到前所未有的暢快。」

他説：「過去，年年感冒幾次，今年氣候非常不正常，竟然沒有感冒。」

她説：「減肥二十斤，吃得香、睡得安……」

我們是凡塵最美的蓮花

當感受到了練功的快樂，重拾健康的幸福，師生共同開啟了幸福的新起點。

我們一起享受最簡單的、生命中最根本的幸福：活得輕鬆、活得快樂、不被病累，比同齡人青春美麗有活力、展現生命正能量的價值！

因為失而復得的健康青春美麗，是多麼幸福快樂！

因為你，與健康的距離，只差一個良好的習慣！

因為你終於找對了方法，將健康規劃納入日常。

童心未泯，自主生命

不老的精氣神，皆因老年生活維持在四種狀態：

一、心態——滿足與正靜

心若年輕，則歲月不老。

《黃帝內經》有一段關於心靜和青春的關係，說道：「人能正靜，皮膚裕寬，耳目聰明，筋信而骨強。」

這一句的意思是說：一個人，如果能夠純正平靜了，那麼皮膚就柔軟，就耳聰目明，筋骨就伸展而強健。

心靈的衰老比肌膚老化更可怕，心靈的美容比肌膚美容更重要。滿足的心、惜福的心、清靜的心，足以使我快樂青春。

永不衰老的心，就是擺脫俗世困擾，返璞歸真，如同孩子般的心態。有時候自己的想法和心態會表現出很幼稚，常常幫助了別人，不收回報，反而不停地表示謝恩。在我的眼中，世界無限美好！

二、慢老態——回春

老年是中年,健康長壽的夢想,是可以達到的!

回春,是我一生研究的主題,也顯示了中華文化的唯美絕妙。人類壽命應該一百二十歲,是大多數人提前衰老了,所以,六十歲才中年,並不是癡人説夢!

所謂回春就是原來沒有青春找回青春,有青春怎樣永葆青春,在精氣神旺盛的健康狀態下慢老。

一個女人放棄自己,就是允許自己的身材變得臃腫。從恢復健康,至今五十年保持體重三圍不變。

我必須精彩的優雅地老去,即使是八十歲,還可以腳踩四吋高跟鞋,穿上健美褲,緊身衣,超短裙,與學員歡慶共舞。這不是能夠裝扮得出來的美麗,是展示筋骨皮膚尚未老態,代表著精氣神有足夠的活力。我就是要在身上展現中華兒女的不老風情。我的晚年與正能量在一起,忘齡、忘老,享受著人生的最高境界。

三、動態——克服惰陰

心是一塊田,快樂自己種。

退休後,從未停止學習。旅遊一三五個國家,不斷尋求吸收國際養生長壽經驗,馬不停蹄,老驥伏櫪,志在千里,學習各國的養生長壽抗癌防老秘方。我的目標不只是中醫的養生,還著眼於探索全人類的長壽養生之道。

愛自己,堅持五療養生原則,保持「動的規律」,自律、自覺、自強。

一天不停地「動」八小時。自種幾十種果樹和有機蔬菜,吃五

行餐，與植物和鸚鵡對話，釣魚，赤腳走海灘，採朝陽氣，畫畫，寫書法，唱詩，日出而起，日落而息，充分享受大自然的恩賜。

四、追求態——不斷成長

自主生命是健康無病痛枷鎖，在學習和探索中慢老。

活著，就要一直學習追求下去，不斷前進，才不衰退。有人說：人才之上是天才，天才之上是通才。

我用剩下的時光，探索、創新、學習，努力學做「通才」。

傳養生大道、授健康大業、解眾生病老之惑，仍然身退心不退。旅遊帶功走天下，樂此不疲。

出版書十幾冊，仍然奮力寫作中，已經超過三百萬字。

點一炷檀香，每日一書法，閒來創意屋室內外設計，六十歲開始學油畫，用畫筆來解釋世界的奧秘……

愛的呼籲

我帶來給社會的，健康是最佳的禮物；

我希望給各位的，健康是最大的財富；

我表達的，鼓勵和信心是最真摯的問候。

年已八旬，我最大的心願，是盡己所能，幫助更多人，重返健康和永遠青春美麗。這就是我此生最大的責任，也是即將出版一系列防衰抗老揭秘叢書的目的。

最後，我要說：五十年的奮鬥雖辛苦，但是歲月的沉澱，讓我更深切感悟人生。如今桃李芬芳滿天下，福緣之海度我生。如今八十歲才中年，正是上蒼給我的最大福報。

附錄：高雲大師、白雁老師的超級特異功能（見證）

　　本人有幸跟隨恩師左右十六年，常耳濡目染恩師寬厚仁慈之心懷，正氣凜然之行徑，又眼見兩位老師展現數不勝數的超能力，讚嘆不已，高雲老師謙沖為懷，功深德高，雖然有很多特異功能，但是從來不炫耀。現在將我在課堂內，所聞所見他們以「超能力」無償的為人救急解難的故事，摘錄部分如下。

　　從數千封學員見證當中，看到的盡是感激和感恩，都是病癒回春的奇蹟。在完成本項工作中我忽然感悟到，在我生命當中能遇到恩師是何等幸運！因為她們：「雖從人間來，不從人間往，此人只應天上有，人間哪得幾回來。」

　　——台灣首屆會長黃竹蔭

五色雲氣，紫氣東來。

古代書上說黃帝是：「常有五色雲氣，金枝玉葉，止於頭上」，高雲大師的名字是否與此巧合？因為修最高層次者，有無數種色彩光環，以紫色最罕見。但我們高級班龜壽功的甚多學員都看到老師發的紫色光，我曾經看到老師全身披金光流蘇，如同金枝玉葉，在練功時也自發出淡紫色的雲彩，很美，很妙，真是舒服。

——紐西蘭六十七歲曾沈遐仁

三月十九日晚，桃園市立成功國小大禮堂，大家正在上課，我從側門的縫隙向裡望，突然眼前一亮，見高老師全身被一襲金光閃閃的罩衫，全身上下金光籠罩著她，雍容華貴，頭上猶如媽祖所戴的金頭罩，其下緣口及底緣都鑲有金飾物，金光閃耀，耀眼而不刺目，我駐足凝神觀望，幾乎屏住呼吸，忽然想起我來是做助教的，匆忙轉由大門進入禮堂，再定睛看老師，我大驚失色，完全驚呆了！原來老師根本穿著的是一件紅色的普通衣服，沒有一絲金黃色系可以發光，我自認自己年方四十有二，不會老花眼。我內心藏著這個秘密，最後終於忍不住提問，老師說：「竹蔭，你看到老師的金鐘罩了！」我才敢在課堂上見證，不料當場就有同學見證說，他也曾見過此奇景！

——中華投信經理黃竹蔭

天女散花多種香氣。我上大周天功的時候，高雲大師發氣，大家情不自禁的喊叫：好香！好香啊！泌入心肺，妙不可言。

——桃園機場徐文達

模糊當中感覺老師從旁邊經過，緊接著聞到一股香氣，如蘭似麝，說不出是花香還是香水；當初並不以為意，因為老師是位女性，難免用些香水？後來方知，其他許多的學員，也聞到各種不同的香氣，老師從不使用香水，這是她的功力達到某種程度「氣純體自香」，又如修行的高僧入定的時候，多自然散發出檀香。常有朋友問我高老師功力有多深，我想可以用孔子的弟子顏淵對夫子所說：「仰之彌高，鑽之彌堅，瞻之在前，忽焉在後」來形容。

——《中央日報》白崇義

發氣遙控，百步神掌。

第三堂課，白老師站在講台上，我站在最後一排，我自認我離她太遠，只見她右手呈劍指，向我一揮，我感受強烈氣流過來，突然倒下。睡在地上，比家裡的床還舒服。從這一次，我產後的神經衰弱好了。

——高雄會計主管李慧美

預測功能未卜先知。

當我生了一個男孩後，因他很頑皮，加上自己已是高齡產婦，故不敢再生第二胎，高老師說，你第二個是女兒，不用擔心。我很相信，結果如願了。

——美國藥淑嫻博士

我先生患嚴重的便秘，我打電話到美國求助，老師和我約定在一月份查功的時候由美國向台北師大課堂發功，結果第二天他就真的好了！

——電腦工程師董雅微

千里遙視，實在神奇。

我移民加拿大後，與高老師通電話，她在電話當中遙視我的房子，竟然說出我房子周圍的環境特徵標誌。好像她來過一樣的清楚，令我訝異不已，後來我特別拍一些照片給老師。這就是古書上所說的高人的千里眼嗎？

——加拿大教師辛琦華

萬里治病，救急解難。

我女兒多次發病，令我們束手無策，只好打電話到美國，高雲大師由美國電話裡頭發氣給他，當發氣時，全家都看到女兒的腹部如江河翻騰，當場病癒，入眠至天亮。從此以後，每次她生病，都吵著要高雲大師媽媽。

——台北海關總署張科長

補氣絕招，斷食大法。

我上辟穀課，老師給全場同學發十全大補氣，大家都三天不飢餓。到了第九天，我有點餓了，給老師打電話，每一次我只要跟老師通電話，在練功就會有慧光出現。我深深體會到，我們不僅是一般的聽課，而是每堂課都接了老師很多能量。

——台中市武學琪

發氣助考。

我的兒女要升學，我心中沒有底，當我惶惑時，想到可能高雲老師能幫我，我就把學生准考證傳真給老師，高老師果然向考場發氣，每一次都很準，讓我的小孩都能夠順利的考上理想的大學和中學。

——台北國中教師潘幸會

托夢神治，夢中指路。

我在夢裡見到高雲老師來給我神治，看到高老師全身披金光，如同金鐘罩在身，用手點我的膻中穴，第二天醒來，原來痛的心窩處竟不痛了。

——台北沈志林

我太太夢見老師到他面前，全身發著光，手掌發著白光，在她的小腹畫圓圈，第二天醒來，她對我說：我想恩師一定有指示，我就帶太太去進行婦科檢查，竟然她懷孕了！我跟太太結婚多年無法懷孕，可能是因為我當了幾年老師的助教，所以老師知道了我的要求，又來幫助我。

——美國太空總署博士 Amain

信息治病。

那天我的胃很痛，我告訴老師，她當即脫下她的一件衣服給我，說：穿上它就好了。我穿了這件衣服，胃開始翻滾，又打嗝兒又放屁，但是舒服極了，當下胃就不痛了。

——巴西學員石純美

百毒不侵青春永駐。

神農嚐百草，日遇七十二毒，何以解之？據說因為神農可以自己內視身體，及時解毒，高雲大師對著如此眾多病濁之人，接受「百毒氣」，為何從未見其生病？

不但百毒不侵，而且青春永駐。此乃仙道也！

——立法委員陳先生

氣場強大，超越空間。

三月十九日，集體練功，閉目看到前方約三公尺以外，一大團柔和性平之氣流穿過來，全身頓感溫煦悠然，氣感的形態與描繪電子學磁力線強弱之磁場一樣，一層層外疏內密。待氣團逐漸靠近，距我有約一公尺，氣感更強，不禁好奇而睜開眼睛，才知道是高雲老師來到我的面前。事後每每回憶此奇特的感應，仍然溫煦之氣流佈全身，對於大師之欽佩已經無詞可以表達。

——高級班學員吳金城

萬里透視，令人佩服。

有一次我替外子用花椒棍按摩，不曉得為甚麼第二天他頭昏嘔吐，我從美國打電話給在台灣的高老師，我先生正要敘述，她說：「你現在不要告訴我，讓我用氣測一下。」隨即說：「你按摩的方向錯了」她將我的動作描繪一番，如同她在旁邊一樣，真是一語驚人，老師有千里眼，令人由衷佩服！

我先生感冒，先是咳嗽後來聲音啞了，竟然失聲了。內科醫生說是感冒引起的，過幾天就好了。可是高老師在電話當中，測其氣，就說：「他的聲帶有些麻痹，喉嚨裡面長了一個小結，明天你們改換喉專科醫生去查證吧！」第二天上午我們馬上去看喉專科，醫生印證老師的結論是完全正確。有這樣熱心，有愛心，又功力高深的老師，我們感覺好像嬰兒在母親身邊一樣的充滿安全感。

——美國洛杉磯張徐榮琦

《神奇的雲》

你，總是悄悄的走來

又悄悄的離去

無論高入雲端、風起雲湧

雲捲雲舒、雲海翻騰

還是雲淡風輕，總是淡淡的，純純的

默默的給予著

從來不炫耀自己

雲，如果沒有你

整個大自然將失去生機

雲，如果沒有你

天空就沒有了畫筆

你，神妙莫測，千姿百態

在雲海奇景中

展現夢想和希望

在神奇飄渺中

讓生活美好無限

我要飛向高高的藍天

追隨著祥雲飄逸

共舞自主生命的傳奇

——美國蕭永逸

高雲書法：印章上「浩然之氣，至大至剛」，

是我一生的追求，也是精氣神的意義所在。

新書預告（初擬）

編輯　李安

設計　陳偉

封面攝影　謝青芩（2018年手機拍攝）

書名　八十不老傳奇

著者　高雲

出版　三聯書店（香港）有限公司

　　　香港北角英皇道499號北角工業大廈20樓

印刷　美雅印刷製本有限公司

　　　香港九龍觀塘榮業街6號4樓A座

發行　香港聯合書刊物流有限公司

　　　香港新界大埔汀麗路36號3字樓

版次　2019年7月香港第一版第一次印刷

規格　16開（170毫米 x 240毫米）380面

國際書號　ISBN 978-962-04-4426-5

© 2019 Joint Publishing (H.K.) Co., Ltd.

Published & Printed in Hong Kong

三聯書店
http://jointpublishing.com

JPBooks.Plus
http://jpbooks.plus

《八十不老傳奇》有聲書
請即下載知書 App 選購

高雲辦公室：
datao@bigpond.net.au